# Rum genießen

Geschichte und Geschichtchen, Trends und Cocktails

*Texte von* Giovanna Moldenhauer
*Fotografien von* Fabio Petroni
*Cocktails von* The Spirit Milano

# Inhalt

# Einleitung

Der Rum, ein Destillat, das mehr als jedes andere von einer Aura umgeben ist, die gleichzeitig grausam, leidenschaftlich, tragisch und fantastisch ist, genießt heute neue Popularität. Der Beginn seiner Geschichte in der Karibik ist eng mit der kolonialen Expansion der europäischen Staaten verbunden. In der Royal Navy Großbritanniens gehörte Rum von 1655 an drei Jahrhunderte lang zur Verpflegung der Matrosen. Sein wachsender Ruhm führte in jener Zeit dazu, dass skrupellose Piraten und Kaufleute ihn zur eigenen Bereicherung stahlen und tauschten, aber auch dazu, dass aufgeklärte Persönlichkeiten sein organoleptisches Profil veränderten und neue Produktionsmethoden einführten. Ende des 17. Jahrhunderts trug der Missionar Père Labat auf der kleinen Insel Marie-Galante dazu bei, dieses Destillat zu einem besseren Getränk zu machen, indem er zur Herstellung einen französischen Destillierkolben benutzte, und der ehemalige Zollinspektor Aeneas Coffey erfand die kontinuierliche Destillation mit zwei gekoppelten Brennsäulen, die er sich 1830 patentieren ließ. Das erhöhte die Produktivität, senkte die Kosten, und als Nebeneffekt konnte ein leichterer Rum hergestellt werden.

Moderne Produzenten können sich jeder Technik bedienen – der klassischen, der kontinuierlichen oder beider – und sich für einzelne Destilliersäulen oder ganze Kolonnen entscheiden, um den optimalen Rum zu erhalten, der schließlich in Fässern zur Reife gelangt.

*Ein Werbeplakat aus dem 20. Jahrhundert, das eine Arbeit des Tschechen Alfons Mucha zeigt, eines der bedeutendsten Vertreter des Jugendstils.*

FOX-LAND
Jamaica Rum
Mucha

Heute ist die Welt des Rums äußerst variantenreich und nahezu grenzenlos. Um Ihnen das faszinierende Universum dieses Destillats näherzubringen, stellen wir Ihnen über 40 sorgsam ausgewählte Marken vor: die meisten aus staatlichen Destillerien, einige davon aus aufstrebenden Produktionsländern, andere wiederum wurden wegen ihres hohen Symbolgehalts gewählt. Die Auswahl ist nach Herkunft, Produktionsweise und Nischenprodukten gegliedert, die sich beispielsweise durch ihre besondere Fermentierung vom Rum aus klassischer Herstellungsweise unterscheiden. Jeder Rum wird mit technischen Daten, Informationen zum verwendeten Ausgangsmaterial, zur Herstellungsweise und Reifung, zur Geschichte der Destillerie sowie Anmerkungen zur Verkostung vorgestellt.

Zum Schluss beschreiben wir 15 neu erdachte Cocktails, die von den großen Klassikern inspiriert sind, jedoch nach modernen Kriterien umgesetzt wurden, ausgehend von Stil und Ausdruck jedes einzelnen Rums. Die Rezepturen stammen von einem Team aus professionellen Bartendern, die Mixgetränke von internationalem Flair kreierten, als Alternative zum klassischen Nippen an gereiftem und komplexem Rum, der mit 18 °C serviert wird, oder zu einem guten weißen Rum mit Eis.

# Etymologie, Definition

Rum, Rhum und Ron sind die Schreibweisen für die Bezeichnung dieses Destillats, je nach Sprache seines Herkunftslandes. Ursprünglich wurde dieses alkoholische Getränk auch Rumbowling oder Rumbullion genannt, umgangssprachliche Begriffe aus dem Englischen und Französischen, die sich vermutlich auf die Geräusche der Heizkessel beim Destillieren bezogen – *rumble* (rumpeln) und *boil* (brodeln) auf Englisch und *bouillir* auf Französisch. Anderen Lesarten zufolge könnte der Name einfach die Abkürzung des botanischen Namens des Zuckerrohrs sein, *Saccharum officinarum.* Eine weitere Hypothese führt den Begriff auf 1655 zurück, als die Royal Navy begann, an ihre Besatzungen eine tägliche Ration dieses Destillats zu verteilen, was pünktlich eine Rangelei (rumble) auf dem Oberdeck zur Folge hatte. Zwischen 1731 und 1740 gab es ein festgelegtes Quantum, das zuerst erhöht, dann reduziert und schließlich mit Wasser verdünnt wurde. Die Royal Navy gab bis zum 31. Juli 1970 tägliche Rationen aus, bekannt als *tot,* dann wurde diese Praktik eingestellt und so der jahrhundertelangen Verbindung zwischen Rum und Marine ein Ende gesetzt.

Der Rum ist per Definition ein alkoholisches Getränk, erhalten durch alkoholische Gärung und anschließende Destillation der Melasse oder des Saftes des Zuckerrohrs. Diese grasartige Pflanze war jahrhundertelang von großem Interesse, zum einen als Quelle der wertvollen Handelsware Zucker – dem die Araber sogar heilende Wirkung zuschrieben – und zum anderen seit dem 17. Jahrhundert als Ausgangsmaterial des Destillats, das seinen heutigen Namen vermutlich seit dem 19. Jahrhundert trägt.

Um die fesselnde und turbulente Geschichte des Rums zu verstehen, ist ein kurzer Ausflug zu den Anfängen der Destillation

# und Herkunft des Rums

notwendig. Archäologische Untersuchungen lassen vermuten, dass bereits antike Völker Indiens und Chinas gegorene Getränke herstellten. Marco Polo berichtet in seinen Aufzeichnungen über seine Asienreise im 13. Jahrhundert von einem sehr guten Wein aus Zucker, der in der Gegend des heutigen Irans serviert wurde. Die Araber kannten die Destillation bereits, doch die erste aufgezeichnete Destillation von Zuckerrohrsaft fand im 15. Jahrhundert in England statt. Zuerst wurden Pflanzen aus Indien benutzt, dann vom amerikanischen Kontinent.

Die europäischen Kolonialmächte errichteten Plantagen und Fabriken zur Zuckergewinnung und sorgten so für die Verbreitung des Zuckerrohranbaus auf den Karibischen Inseln. In den dortigen Kolonien erkannte man in der ersten Hälfte des 17. Jahrhunderts

*Zuckersiedehaus auf den Westindischen Inseln,*
*Stich aus dem Jahr 1823 von William Clark.*

die Möglichkeit, aus vergorener Melasse ein Destillat herzustellen, das *Rumbullion* genannt wurde. Besonders auf Barbados gelang es durch die Verfeinerung der Destillationstechnik, ein stärkeres, reineres Getränk herzustellen, welches in einem Dokument aus dem Jahre 1651 wie folgt beschrieben ist: „Das schlimmste Gesöff auf der Insel ist der *Rumbullion,* auch *Kill-Divil* (Teufelstöter) genannt, das sie aus destilliertem Zuckerrohr herstellen, ein höllisch starker, schrecklicher Sprit.“ Der Rum war geboren!

Fundamental in der Entwicklung dieses Destillats war jedoch die Arbeit des Missionars Père Labat, der sich Ende des 17. Jahrhunderts einen Destillierapparat aus Frankreich, genauer gesagt, aus der Region Cognac auf die Insel Marie-Galante schicken ließ, den er für die Rum-Herstellung modifizierte. Auch heute noch wird in der ältesten Destillerie der Insel Rum hergestellt, der den Namen des französischen Missionars trägt (wir stellen Ihnen in diesem Buch eine 59-prozentige Version und einen Cocktail vor, Anse La Cuve, für den er verwendet wird).

Jede Kolonialmacht beeinflusste durch ihre eigene Destillier-Tradi-

*Dieser Stich von William Clark stellt die Arbeit vor einer Rum-Destillerie in der ersten Hälfte des 19. Jahrhunderts auf den Westindischen Inseln dar.*

tion die Rum-Herstellung, sie verbesserte Qualität und Geschmack und definierte einen Stil, der in einigen Fällen bis heute erhalten geblieben ist.
Während man in Britisch-Guayana und weiteren britischen Kolonien der Karibik vornehmlich mit klassischen Brennblasen und Verschnitt arbeitete, setzte man in den spanischen Überseebesitzungen auf lange Reifung, oft unter Anwendung der bei Sherry gebräuchlichen Solera-Technik. Davon unterschied sich die Herstellung in den französischen Kolonien Martinique, Guadeloupe, Marie-Galante, Guyana und Haiti durch die Verwendung von gegorenem Zuckerrohrsaft anstelle von Melasse.
Durch ständige Verfeinerungen des Herstellungsprozesses erhielt man mit der Zeit einen Rum, der einen besseren Geschmack und einen geringeren Alkoholgehalt aufwies, was ihm wachsenden Erfolg in Europa und Nordamerika bescherte, der wiederum zu steigender Produktion führte.
Während immer mehr Eingeborene der Karibischen Inseln von den aus Europa eingeschleppten Krankheiten dahingerafft wurden, war der Sklavenhandel eine stetige Quelle neuer Arbeitskräfte für die weitläufigen Plantagen und Zuckerfabriken: der Rum spielte bald eine wichtige Rolle im Handel zwischen Europa und Nordamerika, der Karibik und Afrika. Skrupellose Kaufleute trieben Handel mit Waren, Lebensmittel und Menschen, die rücksichtslos ausgebeutet wurden. Anfangs bezahlten die Plantagenbesitzer mit dem Destillat für ihre Bediensteten und Sklaven und nutzten es wie eine Medizin zur Linderung von Beschwerden. Der erfolgreiche Rumhandel führte auch dazu, dass immer mehr Segelschiffe von Piraten und Schmugglern angegriffen wurden, die deren Ladung plünderten.
Dank besserer Qualität und seines angenehmen, gewinnenden Geschmacks erfreute sich der Rum, der in den karibischen Kolonien Mittel- und Südamerikas produziert wurde, Ende des 18. und im gesamten 19. Jahrhundert einer steigenden Nachfrage. Im 20. Jahrhundert bestimmten die beiden Weltkriege, die Prohibition in den

Vereinigten Staaten und die kubanische Revolution weltweit die wechselvollen Geschicke des Rums. Hochwertiger Rum wird heute auch in den ehemaligen Kolonien Mauritius, Madagaskar und La Réunion hergestellt und hat sich neue Horizonte erobert, wie beispielsweise Japan, und das Angebot wird immer vielfältiger, um der steigenden Nachfrage anspruchsvoller Verbraucher zu begegnen.

## Die Geschichte des Zuckerrohrs: Herkunft, Verbreitung und Anbau

Die Zuckerrohrpflanze stammt ursprünglich aus Malaysia und verbreitete sich vor rund 8000 Jahren über Südostasien nach Indien. Die Perser entdeckten sie während ihrer Expansion nach Indien um 600 v. Chr. und brachten sie in ihr Territorium, und die Soldaten Alexanders des Großen, des Eroberers Persiens, waren die ersten Europäer, die um 300 v. Chr. diese Pflanze zu Gesicht bekamen. In der griechisch-römischen Welt hatte man jedoch nur eine vage Vorstellung vom Nutzen der Pflanze. Herodot und Theophrast sprachen von einem Honig aus Schilfrohr, der nicht von Bienen, sondern von Menschenhand hergestellt wird. Die Araber entdeckten ihrerseits das Zuckerrohr 637 n. Chr. und verbreiteten es von Ägypten nach Palästina und im 9. Jahrhundert bis nach Spanien und Sizilien. Die Portugiesen kolonialisierten 1420 Madeira und brachten die Pflanze von dort auf die Azoren, die Kanarischen Inseln, die Kapverden und nach Westafrika. 1493 brachte Christoph Kolumbus bei seiner zweiten Entdeckungsreise das Zuckerrohr auf die Insel Hispaniola (Dominikanische Republik und Haiti). Von dort kam es über die Kolonisten nach Mittelamerika und auf die Inseln Kuba, Jamaika, Martinique und Guadeloupe, damals „Zuckerinseln" genannt.

*Eine schöne botanische Studie aus dem späten 19. Jahrhundert.*
*Oben rechts erkennt man das Zuckerrohr* (Saccharum officinarum).

Das Zuckerrohr gehört zur Familie der Süßgräser, zu der auch Weizen, Mais und Roggen gehören. Die wild wachsende Pflanze, von der es abstammt, ist bekannt als *Saccharum robustum*. Die heute angebaute Hauptvariante kennt man als *Saccharum officinarum,* einen Hybrid, der aus Einkreuzungen verschiedener Zuckerrohrarten entstand, die nicht nur eine klima- und krankheitsresistente, schnell wachsende Pflanze, sondern vor allem eine mit hohem Zuckergehalt hervorbrachten.

Um neue Anbaugebiete zu erschließen, werden Stecklinge des Zuckerrohrs in Gebieten mit passendem Klima gepflanzt. Zwischen Februar und August sollte es warm und feucht sein, damit jedes ausgereifte Rohr einen hohen Zuckergehalt aufweist; nur so erhält man einen Saft von höchster Qualität für die Rum-Herstellung. Die Bodenbeschaffenheit der Pflanzgebiete ist dabei, zumindest für die Rum-Produktion, von geringerer Bedeutung.

Zuckerrohr ist eine mehrjährige Pflanze mit einer durchschnittlichen Wachstumsperiode von 14 bis 16 Monaten, die hauptsächlich durch Stecklinge vermehrt wird. Die Pflanze kann bis zu vier Meter hoch werden, und die Farbe des Stamms variiert von grün mit gelblichen Nuancen bis hin zu violett. Nach der Wachstumsperiode bildet der letzte Trieb eine Blütenrispe aus, die gemeinhin „Pfeil“ genannt wird. Während der Blütezeit, normalerweise zwischen dem zwölften und dreizehnten Monat, steigt der Saccharose-Gehalt der Pflanze an.

Bei der Ernte wird das Rohr so bodennah wie möglich abgeschnitten, meist von Hand mit einer Machete. In manchen Gebieten ist es immer noch üblich, vorher das Feld abzubrennen, um Schlangen zu vertreiben und die trockenen Blätter zu vernichten. Die Pflanze wächst nach jedem Schnitt erneut, jedoch altert sie nach einigen Jahren (4 bis 6) und muss ersetzt werden. Um eine gute Qualität von Saft und Melasse zu erhalten, muss das Zuckerrohr innerhalb von 12 bis 36 Stunden nach dem Schnitt zu den Zuckermühlen zur Verarbeitung gebracht werden, um zu vermeiden, dass es austrocknet und einen großen Teil des Saftes verliert.

Es gibt zwei Arten der Verarbeitung. Die Extraktion durch Mahlen ist für die Gewinnung von Zucker und Melasse geeignet (der Begriff Melasse kommt aus dem portugiesischen *melaço* und bezeichnet ein Nebenprodukt der Zuckergewinnung, einen braunen Sirup, der trotz seines hohen Saccharose-Gehalts nicht auskristallisiert). Qualität und Zuckergehalt der Melasse verhalten sich umgekehrt proportional zur Zuckerproduktion. Der Saft des ersten Mahlvorgangs ergibt die beste Melasse, ähnlich wie beim Wein, und trägt die Bezeichnung *Grade-A-Melasse*. Hingegen kann der durch Auspressen gewonnene Saft (*vesou* auf Französisch und *guarapo* auf Spanisch) direkt vergoren werden, ohne die Produktion von Zucker. Aus *vesou* wird der Rhum Agricole hergestellt, bei dem der Saft gereinigt und filtriert wird, um anschließend in den Bottichen der Destillerien zu fermentieren.

Auf manchen karibischen Inseln gibt es immer noch nicht-hybride Zuckerrohrarten, wie das weiße und das rote Zuckerrohr auf Haiti, das Malanoi auf Martinique, das Rubanée und Cristalline, aus denen Nischenprodukte, gemessen an der Menge der hergestellten Flaschen und der herausragenden Qualität, des Rhum Agricole hergestellt werden. Die vermehrte Produktion von Rhum Agricole hat dazu geführt, dass auch neue Hybridsorten, speziell zur Herstellung dieses Destillats, eingeführt wurden, z.B. die Sorte Bleue; es gibt Destillate, die ausschließlich aus ihr hergestellt werden (wie der Neisson Blanc 52,50° aus Martinique). Die saisonale Natur der Zuckerrohrsaftgewinnung ist einer der Gründe für die Verwendung von Saftkonzentraten (Sirup oder Honig genannt), die länger haltbar sind und das ganze Jahr über destilliert werden können. Die Destillerie Barbancourt beispielsweise verwendet das Konzentrat außerhalb der Erntezeiten.

# Herstellung

Rum erhält man durch die Vergärung von Zuckerrohrsaft oder Zuckerrohrmelasse, die anschließende Destillation und schließlich, je nachdem welches Produkt man erhalten möchte, durch die Reifung, vornehmlich in Holzfässern, und den Verschnitt. Wenige Schritte, hinter denen sich eine Welt faszinierender Technologie verbirgt, in der der Mensch mit seiner Gestaltungsfähigkeit, Kultur und seinem Einfallsreichtum durch verschiedene Interpretationen jeder einzelnen Phase das Endprodukt beeinflusst.

## Die Zutaten

Zur Herstellung von Rum benötigt man Zuckerrohrsaft oder Zuckerrohrmelasse, Hefe und Wasser. Wir kennen bereits den Weg des Zuckerrohrs vom Anbau bis zur Herstellung von Saft und Melasse. Die Hefe wird je nach Art des zu fermentierenden Saftes oder der zu fermentierenden Melasse nach genauer Bestimmung des pH-Wertes ausgewählt, um ihre Effizienz in der Umwandlung von Zucker in Alkohol zu bewerten. Das Wasser, wegen seiner Reinheit meist aus Brunnen oder Quellen, wird der Melasse während des Gärprozesses bis zur gewünschten Verdünnung beigemengt, wenn ihr Zuckergehalt sehr hoch ist, oder zum Schluss, um den Alkoholgehalt nach der Destillation zu verringern, wie es bei Rhum Rhum Blanc der Fall ist, der mit Regenwasser verdünnt wird.

Der Zuckergehalt der Melasse ist nicht immer gleich: Verbesserte Extraktionstechniken brachten eine Reduzierung des Zuckeranteils mit sich, was wiederum einen geringeren Alkoholgehalt der vergorenen Flüssigkeit zur Folge hat. Denn, wie bereits erwähnt, je mehr Zucker aus dem Rohmaterial gewonnen wird, desto weniger ist dann in der Melasse. Die Destillerien untersuchten sorgfältig, welche Art von Hefe sich am besten für die Produktion ihres

Rums eignet, denn ist sie einmal hinzugefügt, wird nicht nur die Gärung in Gang gesetzt, sondern auch die Ausbildung des Rums selbst und seiner Aromen.

Manche wählen heimische Naturhefen, meist selbst gezüchtete, andere setzen auf *Saccharomyces cerevisiae,* die auch Winzer verwenden, um das gewünschte Resultat zu erzielen. Für den Rhum Agricole wird oft Bierhefe verwendet.

## Der Herstellungsprozess von der Gärung bis zur Destillation und Reifung

Nicht nur die Auswahl der Hefe beeinflusst das von der Destillerie gewünschte Resultat, sondern auch der gesamte Produktionsprozess und die Dauer der Gärung, die den Zuckeranteil unter Abgabe von Kohlendioxid und Wärme in Alkohol umwandelt. Der Gärprozess, in offenen oder geschlossenen Bottichen, dauert 2 bis 3 Tage, in manchen Fällen bis zu 10 oder sogar 12 Tagen. Durch kurze Gärzeiten erhält man ein mildes Produkt mit wenigen aromatischen Komponenten, lange Gärzeiten erzeugen ein Produkt mit vielen Aromakomponenten, aus dem man einen sehr vollen Rum mit markantem Geschmack destillieren kann. Während des gesamten Gärprozesses muss die Umgebungstemperatur konstant gehalten werden, damit der Gärprozess nicht gestoppt wird oder zu schnell stattfindet.

Anfangs wurde jeder Rum nur unter Verwendung einfacher Kupferbrennblasen hergestellt. Ende des 19. Jahrhunderts begann man auch mit der kontinuierlichen Destillation in Brennsäulen. Um den Prozess der Destillation besser zu verstehen, darf man nicht außer Acht lassen, dass es verschiedene Arten von Alkohol gibt – von sehr leicht bis sehr stark –, und ebenso verhält es sich mit den Aromen. Durch den Destilliervorgang wird Wasser abgeschieden und der Alkohol konzentriert, und der Brennmeister bestimmt, welche Aromakomponenten er behalten will und welche nicht. In der meist birnenförmigen Brennblase *(pot still)* erfolgt die Destillation in mehreren Durchgängen. Im ersten wird die vergorene Flüssigkeit in der

Brennblase aufgekocht, der Dampf wird kondensiert und ergibt eine Flüssigkeit mit geringem Alkoholgehalt. Im folgenden Durchgang extrahiert der Brennmeister das sogenannte „Herzstück“, reich an Alkohol, Wasser und aromatischen Substanzen, durch Abtrennung des giftigen und übel riechenden Vorlaufs, der zuerst verdampft, und des Nachlaufs (Fusel). Die Zeit, die der Brennmeister zum Abführen des Herzstücks benötigt, hängt davon ab, wie viele Aromakomponenten er behalten möchte und ob das Destillat leichter oder voller sein soll, wie groß die Brennblase ist und welcher Alkoholgehalt erzielt werden soll. Diese klassische Prozedur, die von einigen Destillerien ausschließlich angewandt wird, erzeugt laut Luca Gargano von Velier (einem italienischen Abfüller mit zwanzigjähriger Erfahrung in der Welt der Destillate) Produkte wie den Pure Single Rum, der die Qualität des Ausgangsmaterials und die handwerkliche Kunst des Brennmeisters zum Ausdruck bringt.

Was im 19. Jahrhundert entscheidend zur Entstehung der Destilliersäulen beitrug, war die Notwendigkeit, größere Mengen zu produzieren, um die steigende Nachfrage zu befriedigen. Die kontinuierliche Destillation, 1830 perfektioniert und patentiert von Aeneas Coffey, sieht zwei Säulen vor (eine zur Destillation und die andere zur Rektifikation), die so miteinander verbunden sind, dass die vergorene Flüssigkeit in die eine Säule eingefüllt wird und das Destillat aus der anderen herauskommt. Dieses System erlaubt die Abscheidung der flüchtigen Anteile, Ethylalkohol und Wasser, von den Festbestandteilen wie Salzen und organischen Substanzen und ermöglicht es, spezifische Aromakomponenten im Destillat zu erkennen. Dann wird der Alkohol aus dem Wasser-Ethanol-Gemisch extrahiert, wobei der leichtere Vorlauf und der schwerere Nachlauf eliminiert werden. Der durch dieses System erhaltene Rum ist leicht, aber immer noch ziemlich komplex, mit einigen Besonderheiten der Gärung, die seine Geschmacksidentität modellieren. Im weiteren Verlauf sind Destillierkolonnen aus drei und mehr Säulen entstanden, die der Brennmeister kontrolliert und einen Rum mit präziser Identität kreiert.

Auf den französischen Antillen wurden bereits Anfang des 20. Jahrhunderts für die Herstellung von Rhum Agricole besondere „kreolische" Destilliersäulen installiert. Sind sie klein und gedrungen, ist der Rum voll und von niedrigem Alkoholgehalt, sind sie hoch, ist der Alkoholgehalt höher und der Geschmack dezenter. Aus der sogenannten Savalle-Destilliersäule kommt ein aromatischerer, blumigerer und komplexerer Rum. Destillate aus den kreolischen Destilliersäulen sind laut Luca Gargano wesentlich aromatischer und ähneln in ihrer Komplexität eher denen aus den *pot stills* als denen aus Destillierkolonnen.
Manchmal wird auch Rum aus Verschnitten der Destilliermethoden *pot still* (Brennblase) und *Coffey still* (Destilliersäule) hergestellt, entweder weißer Rum, der direkt abgefüllt wird, oder fassgereifter brauner Rum, weil sie geschmacklich sehr ausgewogen sind.

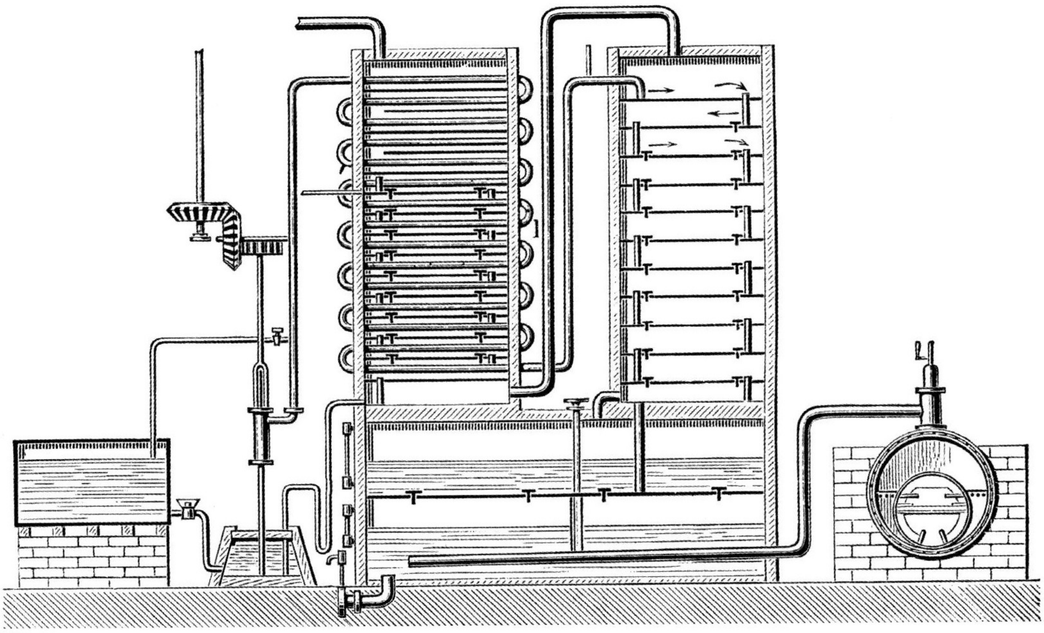

*Der Ire Aeneas Coffey perfektionierte 1830 diesen Apparat für die kontinuierliche Destillation.*

Nach der Destillation hat der Rum eine transparente Farbe und Aromen, die nicht klar zu definieren sind. In den meisten Fällen reift der Rum in Eichenfässern, in denen zuvor Bourbon, andere Destillate oder Weine lagerten. Die Reifezeit variiert sehr stark, von wenigen Jahren bis hin zu mehr als 20, und je nach Außentemperatur werden die Verluste durch Verdunstung auf rund 7 % geschätzt, der sogenannte „Angels' Share". Vor der Reifung werden die Fässer an der Innenseite verkohlt – „getoastet", um die Interaktion des Destillats mit Sauerstoff in der ersten Zeit anzuregen, ihn quasi einzufangen, und dadurch Aromen von Vanille, Gewürzen, Schokolade, Kokos und Kaffee auszubilden. Die oxidativen Prozesse, die aufgrund der porösen Dauben stattfinden, verleihen dem Destillat im Laufe der Reifung die dunkle Farbe.

Der Stil eines gereiften Rums hängt von der Holzart ab, die für die Fässer verwendet wird. Die Destillerie Barbancourt auf Haiti verwendet traditionell Limousin-Eiche, deren Fasern einen besseren Sauerstoffaustausch ermöglichen und besondere Aromakomponen-

*Die Fässer der Destillerie Barbancourt sind aus Limousin-Eiche hergestellt. Dieses Holz, das vor allem für die Reifung von Cognac verwendet wird, ist sehr reich an Tanninen, die das Lagerpotenzial erhöhen.*

ten kreieren. In Ländern mit spanischem Einfluss erfolgt die Reifung des Rums oft nach der Solera-Methode, die in der Sherry-Produktion üblich ist. Dabei werden die Fässer in mehreren Reihen übereinander gelagert, und nur die oberste Reihe wird mit frischem Destillat aufgefüllt. Nach einem Jahr wird ein Teil des Rums jeweils in die darunterliegende Reihe umgefüllt und die oberste wird wieder mit neuem Rum aufgefüllt. Diese Prozedur wird jedes Jahr wiederholt, wobei ein Teil des Rums der untersten Reihe, der aus mehreren Jahrgängen besteht, entnommen und abgefüllt wird.

## Verschnitt und Abfüllung

Am Ende des Reifungsprozesses hat der Rum aus jedem Fass ein anderes organoleptisches Profil, dabei spielt es keine Rolle, ob er relativ jung oder länger gereift ist. Das Bedürfnis der Destillerien, ein Produkt mit Qualitäts- und Inhaltsstandards herzustellen, definiert die Aufgabe des Blendmeisters: Er mischt den Rum aus verschiedenen Jahrgängen, Fässern und mit unterschiedlichem Alkoholgehalt, um das gewünschte Produkt zu erhalten. Wird Rum aus verschiedenen Jahrgängen gemischt, sind die Hersteller in Ländern wie Barbados, Jamaica, den Antillen und französisch Guayana gesetzlich verpflichtet, den jüngsten Jahrgang auf das Etikett zu drucken. Beim Rum, der nach der Solera-Methode gereift ist, wird der mittlere Jahrgang angegeben, in anderen Fällen sogar der älteste. Ein Rum, der aus verschiedenen Jahrgängen hergestellt wurde, wird als Verschnitt bezeichnet; wird Rum aus demselben Jahrgang gemischt, spricht man vom „Jahrgangs-Rum“. Nach dem Verblenden wird der Alkoholgehalt durch Hinzufügen von entmineralisiertem Wasser auf das für den Handel definierte Maß reduziert. Vor dem Abfüllen wird der Rum auf unter null Grad abgekühlt und filtriert, damit er in der Flasche nicht eintrübt. Die Fässer der Destillerie Barbancourt sind aus Limousin-Eiche hergestellt. Dieses Holz, das vor allem für die Reifung von Cognac verwendet wird, ist sehr reich an Tanninen, die das Lagerpotenzial erhöhen.

GUADELOUPE
XO
RHUM
Rhum
Damoiseau
40°
RHUM AGRICOLE
DE LA
GUADELOUPE
APPELLATION D'ORIGINE
FRANCE
40% vol
70 cl

# Mit 41 Rums um die Welt

## Eine Auswahl von Rum-Typen

Die hier vorgestellte Auswahl erfolgte in erster Linie nach geografischen Kriterien und den Produktionsmethoden, mit denen die Brenn- und Blendmeister aus dem meist vor Ort wachsenden Rohstoff ein Qualitätsprodukt herstellen. Auf dieser Reise durch die Welt des Rums lernen wir den karibischen Rhum Agricole, Rum vom amerikanischen Kontinent und aus exotischen Herkunftsgebieten kennen. Die vorgestellten Marken werden hauptsächlich in staatlichen Destillerien mit geprüfter Qualität hergestellt. Zu den Waren, die Guadeloupe, Haiti, Marie-Galante und Martinique, bereits im 17. Jahrhundert französische Kolonien, an das Mutterland lieferten, gehörte auch der Rohrzucker. Als sich Napoleon Bonaparte im 19. Jahrhundert für den Zuckerrübenanbau in Europa einsetzte, um Frankreich eine ausreichende Zuckerversorgung zu garantieren, ging der Zuckerrohranbau in der Karibik immer weiter zurück, sodass den Destillerien immer weniger Melasse für die Rumproduktion zur Verfügung stand. Dies führte dazu, dass die damaligen Rumproduzenten frisch gepressten Zuckerrohrsaft verwendeten, und so entstand der Rhum Agricole. Zwar verbesserten sich die Produktionsmethoden mit der Zeit, aber der Rohstoff blieb der gleiche. Heute ist für die Verwendung des Begriffs Rhum Agricole eine Ursprungsbezeichnung auf dem Etikett vorgeschrieben.

Der Rum vom amerikanischen Kontinent hat je nach Herkunft besondere Merkmale. Auf Barbados wird seit dem 18. Jahrhundert Rum destilliert, sowohl mit Brennblasen als auch mit Destilliersäulen, während der Rum von den Bermudas seit der zweiten Hälfte des 19. Jahrhunderts den Stempel der Familie Gosling trägt. In Kolumbien wird Rum nach der Solera-Methode mit 12-jähriger Reifung hergestellt, eine Produktionsmethode, der sich auch die einzige Destillerie El Salvadors für ihren Rum aus Melasse bedient. In Costa Rica wird auf eine lange Reifung gesetzt (über 10 Jahre), auf Kuba wird die Kunst des *Ron ligero* überliefert, während in Guatemala ein mittelkräftiger Rum hergestellt wird, der sich besonders zur Reifung in großen Höhen eignet.

Das Ausgangsmaterial in Guyana ist eine aus Demerara-Zuckerrohr gewonnene Melasse. Haiti, in der Vergangenheit der größte Zucker- und Rumproduzent der Karibik, zählt heute über 500 Heimdestillerien und Schwarzbrennereien, die Rum in kleinen Mengen herstellen. Jamaika hat ein offizielles Klassifizierungssystem und produziert *Overproof*-Destillate (mit hohem Alkoholgehalt) mit besonderen Gär- und Destillationstechniken. In Mexiko hat die Rumproduktion antike Wurzeln, heute wird mit moderner Technik produziert. In den letzten Jahren erfreute sich Rum aus Nicaragua immer größerer Beliebtheit, der aus verschiedenen Jahrgängen verschnitten wird. In Panama gibt es zahlreiche Beispiele ausgezeichneter fassgereifter Produkte, während man in Peru auf ein antikes Rezept und die Solera-Methode setzt. Beim puerto-ricanischen Rum, der einer Produktspezifikation unterliegt, legt man größtes Augenmerk auf Ausgangsmaterial, Stil und die Einhaltung der Richtlinien. In der Dominikanischen Republik hat der Rum, oft lange gereift, eine eigene Identität, die ihm die Maestros Roneros durch die Wahl der Fässer und besondere Methoden der Reifung verleihen. Die kleine Destillerie auf Saint Lucia verwendet Fässer, in denen Bourbon gelagert wurde, und in Trinidad und Tobago wird der Rum mittels Destilliersäulen und anschließender Fassreifung hergestellt. Venezuela ist bekannt für seinen bernsteinfarbenen, dunklen Rum, der in Eichenfässern seine Reife erlangt.

Exotischer, aber ebenso interessant sind ein Rum aus dem Land der aufgehenden Sonne – ein Beispiel japanischer Fermentier-Kunst – und einer aus La Réunion mit besonderer Gärtechnik. Im Rum aus Madagaskar finden Sie die charakteristischen Vanille-Aromen der Insel wieder, während der Rum aus Mauritius aus reinem Zuckerrohrsaft hergestellt wird und über einen ganz eigenen Stil verfügt.

Früher unterschied man zwischen Rumsorten französischen, englischen oder spanischen Stils, heute ist die Welt des Rums wesentlich variantenreicher und artikulierter, komplex und faszinierend, wie diese Reise durch die ausgewählten Marken zeigen möchte.

# Rhum Agricole der Karibik

Damoiseau Blanc 40°

Domaine de Séverin X O

Reimonenq Cuvée Spéciale Blanc Centenaire

Barbancourt Réserve Spéciale 8 Ans

Clairin Casimir 3.1

Bielle Vieux 2009

Père Labat 59

Rhum Rhum Blanc PMG

Neisson Blanc

Saint James Vieux

Trois Rivières Cuvée de l'Océan

Auf den folgenden Seiten stellen wir eine Auswahl von Rhum Agricole aus der Karibik vor. Aus Guadeloupe kommen drei verschiedene Richtungen: die marktführende Destillerie Damoiseau präsentiert einen weißen Rum mit einem Alkoholgehalt von 40 %, die berühmte Herstellerfamilie Domaine de Séverin eine 6 Jahre gereifte XO-Version, und Reimonenq blanc eine Sonderedition anlässlich des 100. Geburtstags der Destillerie. Aus Haiti stammen zwei Besonderheiten: Clairin, der als letzter Natur-Rum der Karibik gilt, ist nach biologischem Standard in der klassischen Brennblase hergestellt und hat ein überraschendes Aroma, und Barbancourt verfeinert seine Destillate auch heute noch nach einer Rezeptur von 1862, kreiert vom aus der Charente stammenden Gründer der Destillerie. Auf Marie-Galante, einer kleinen Insel unweit von Guadeloupe, finden wir Bielle, einen Rum des Jahrgangs 2009 (einer der authentischsten), den limitierten 59%-igen Père Labat aus der ältesten Destillerie der Insel und Rhum Rhum, der in besonderen Brennblasen unter der Aufsicht des Brennmeisters Gianni Vittorio Capoville hergestellt wird, ein Destillat, das mit jedem Schluck eine wahre Palette an Aromen entfaltet. Schließlich stellen wir noch drei sehr unterschiedliche Rummarken aus Martinique vor: Neisson, der aus besonderem blauem Zuckerrohr aus dem Norden der Insel hergestellt wird, in einer Stärke von 52,5 %, den doppelt destillierten und 3 bis 6 Jahre in Eichenfässern gereiften Saint James, und Trois Rivières, hergestellt in der Destilliersäule aus Zuckerrohr, das in Meeresnähe im äußersten Süden von Martinique angebaut wird.

Der Rhum Agricole hat, unabhängig von der Produktionsmethode, immer ein interessantes, reichhaltiges olfaktorisches Profil, weil die aromatischen Substanzen unverändert bleiben.

GUADELOUPE
Rhum
RHUM BLANC
Rhum
Damoiseau
40°
RHUM AGRICOLE
DE LA
GUADELOUPE
APPELLATION D'ORIGINE
FRANCE

# Damoiseau Blanc 40°

**Herkunft:** *Guadeloupe (Frankreich)*
**Produzent:** *Hervé Damoiseau*
**Alkoholgehalt:** *40 %*
**Flaschengröße:** *70 cl*

**Typologie:** *Rhum Agricole*
**Herstellung:** *kontinuierliche Destillation in einer Einzelsäule, 3- bis 6-monatige Reifung in Bourbon-Eichenfässern*

Die Familie Damoiseau, Eigentümer der Destillierie Bellevue, produziert seit 1942 vor den Toren Le Moules in den Grande Terre von Guadeloupe Rhum Agricole nach Tradition der französischen Antillen. Der Rhum mit Herkunftsbezeichnung ist von bester Qualität, und als Marktführer Guadeloupes verkauft Damoiseau über 2 Millionen Liter Rhum Agricole, 75 % davon allein auf Guadeloupe und in der Karibik. Aber auch in Frankreich ist der Damoiseau der meistgetrunkene Rhum Agricole. Bei Anlieferung wird das Zuckerrohr in der Destillerie gewogen, auf Zustand, Frische und pH-Wert untersucht, damit die Herstellung eines Qualitätsprodukts und die angemessene, korrekte Bezahlung der Lieferanten gewährleistet ist. Jeder Rum wird ausschließlich aus Zuckerrohrsaft hergestellt, der nach dem Auspressen bei einer Temperatur von 35° C, unter Zugabe der Hefe Saccharomyces cerevisiae, zwischen 24 und 36 Stunden gärt. Nach der Destillation hat der Rhum Blanc einen Alkoholgehalt von rund 70 % und wird für einen Zeitraum von 3 bis 6 Monaten in Holzfässern gelagert, die eine Kapazität zwischen 10.000 und 60.000 Litern haben. Während dieser Reifung wird der Rum belüftet und gemischt, und dadurch verdunsten die volatilen Komponenten. Vor der Abfüllung wird der Rum im letzten Arbeitsgang mit Wasser auf 40 % verdünnt.

**Verkostung**

**Farbe:** *transparent und kristallklar*
**Nase:** *feine süße Noten, typisch für Zuckerrohr, gefolgt von floralen Noten mit würzigen Hefenuancen*
**Gaumen:** *trocken, ausgewogen, kräftiger Geschmack mit exotischen Noten*
**Abgang:** *fein und nachhaltig*
**Ideal:** *pur mit Eis*

DOMAINE DE
SÉVERIN
SAINTE ROSE - GUADELOUPE
CONCOURS GÉNÉRAL AGRICOLE
MÉDAILLE D'OR
PARIS 2016
DOMAINE DE
SÉVERIN
XO
RHUM VIEUX AGRICOLE
DE LA GUADELOUPE
Distillé, élevé et mis en bouteille par
Distillerie Séverin
97115 Sainte Rose
70cl

# Domaine de Séverin XO

**Herkunft:** *Guadeloupe (Frankreich)*
**Produzent:** *Familie Marsolle*
**Alkoholgehalt:** *45 %*
**Flaschengröße:** *70 cl*

**Typologie:** *Rhum Vieux Agricole*
**Herstellung:** *kontinuierliche Destillation in einer Einzelsäule, 6-jährige Reifung in Bourbon-Eichenfässern und nachfolgendes Blending*

Die Destillerie Séverin, 1928 von Henry Marsolle gegründet, liegt in Sainte Rose, mitten im Grünen von Guadeloupe auf den französischen Antillen. Die Vorfahren der Familie Marsolle kamen um 1635 mit den ersten Franzosen nach Guadeloupe, und seit 1893 produziert die Familie Rum. Alte Geschichten und Erfahrungen werden seither von den Vätern an die Söhne weitergegeben. Symbol dieser uralten Traditionen ist das Schaufelrad, das 1933 als Ersatz für das alte aus dem 18. Jahrhundert erworben wurde, und mit dem die Presse der Destillerie – als letzte auf den französischen Antillen – mit der Wasserkraft des nahegelegenen Flusses betrieben wurde. Erst seit 2010 wird auf alternative Energiequellen zurückgegriffen. Die familiengeführte Séverin-Destillerie ist immer noch im Besitz der Gründerfamilie und produziert einen der besten und authentischsten weißen Rums dieser Gegend, der im eigenen Unternehmen abgefüllt wird.

**Verkostung**

**Farbe:** *helle Bernsteinfarbe, kristallklar*
**Nase:** *eleganter Vanille- und Bananenduft, der sich im Glas entfaltet*
**Gaumen:** *weich, vollmundig mit dominanter Röstnote, gefolgt von Vanille- und Zuckernoten*
**Abgang:** *rund und trocken mit leichter Schärfe*
**Ideal:** *pur*

# Reimonenq Cuvée Spéciale Blanc Centenaire

**Herkunft:** *Guadeloupe (Frankreich)*
**Produzent:** *Familie Reimonenq*
**Alkoholgehalt:** *50 %*
**Flaschengröße:** *70 cl*

**Typologie:** *Rhum Blanc Agricole*
**Herstellung:** *Destillat aus reinem Zuckerrohrsaft, kontinuierliche Destillation und 15-monatige Reifung in Stahltanks*

Die 1916 auf der Insel Guadeloupe der französischen Antillen gegründete Destillerie Reimonenq spezialisierte sich schnell auf die ausschließliche Produktion von Rhum Agricole aus reinem Zuckerrohrsaft. Heute, mehr als ein Jahrhundert nach der Gründung, produziert die Familie Leopold Reimonenq nach traditioneller Destillierkunst, unterstützt durch moderne Technik. Das 20 Hektar große Anbaugebiet der Destillerie sichert zusammen mit anderen ansässigen Zuckerrohrbauern der kleinsten Destillerie der französischen Kolonien eine jährliche Produktion von 300.000 Litern Rum. Das Zuckerrohr wird mit Maschinen geerntet und mit elektrischen Mühlen geschnitten und gemahlen. Der Saft fermentiert zwischen 24 und 48 Stunden in offenen Bottichen und wird in einer speziellen Destilliersäule durch einen elektrischen Wärmetauscher statt durch direktes Feuer erhitzt. Dadurch werden die unangenehmen Gerüche des Vorlaufs vermieden, der Alkoholgehalt kann besser kontrolliert werden und man konzentriert sich auf das Herz der Destillation, auf Französisch „coeur de chauffe". Der weiße Rum, der mit einem Alkoholgehalt von 60 bis 70 Prozent aus der Destilliersäule kommt, ist von höchster Qualität und ruht in Stahltanks, bevor er in Holzfässern verschiedener Größe zur Reife gelangt. Während seiner langen Reifung wird der Rum gemischt, damit er sein reichhaltiges aromatisches Profil erhält. Während der 15-monatigen Reifezeit verringert sich auch der Alkoholgehalt des Rums, und er wird weicher. Mit diesem Rum wird das 100-jährige Bestehen der Destillerie gefeiert, die auch ein Rummuseum in ihrer Anlage beherbergt.

**Verkostung**

**Farbe:** *transparent und klar*
**Nase:** *frischer Duft mit Noten von Limette und Zucker, gefolgt von floralen und krautigen Nuancen und abschließenden Wacholder- und Myrtearomen*
**Gaumen:** *kraftvoller Charakter mit nussigen Noten, vollmundig, aber nicht aggressiv*
**Abgang:** *trocken mit süßen Noten*
**Ideal:** *pur mit Eis oder für den Cocktail Leopold Heritage*

Barbancourt
Réserve
Spéciale
8 Ans
Barbancourt
MAISON FONDÉE EN 1862
Rhum
Barbancourt®
RÉSERVE SPÉCIALE
VIEILLI AGED 8 ANS YEARS
PRODUIT DE HAITI PRODUCT OF
DISTILLÉ ET MIS EN BOUTEILLE
PAR T. GARDÈRE ET Cie, PORT AU PRINCE
RHUM de CANNE à SUCRE 100%
VIEILLI en FÛT de CHÊNE
70cl
43% alc./vol.

**Herkunft:** *Haiti*
**Produzent:** *Thierry Gardère und Söhne*
**Alkoholgehalt:** *43 %*
**Flaschengröße:** *70 cl*

**Typologie:** *Rhum Agricole Réserve*
**Herstellung:** *zweifache Destillation in Kupferbrennblasen, 8-jährige Reifung in Cognacfässern aus weißer französischer Limousin-Eiche*

1862 konzipierte der aus der französischen Cognac-Gegend Charente stammende Dupré Barbancourt das Rezept des Rums, der seinen Namen trägt. Er stellte seinen Rum nach der Charentais-Methode der zweifachen Destillation in Kupferbrennblasen her, einer Technik, die damals nur den besten Cognacs vorbehalten war, um ein einzigartiges Produkt zu erhalten. Sofort erhielt der Rhum Barbancourt zahlreiche Auszeichnungen und weltweite Anerkennung. Die größte Destillerie Haitis, immer noch in Familienbesitz, wurde bis vor Kurzem von Thierry Gardère geführt, bevor seine Töchter, in vierter Generation, übernahmen. Das Zuckerrohr für den Rhum Barbancourt wird auf 120 Hektar Land angebaut, auf denen über 400 Landarbeiter beschäftigt sind. Es wird von Hand geschnitten und viermal ausgepresst, um den Saft zu erhalten, der mit Spezialhefe zwischen 36 und 48 Stunden gärt. Neben ausgefeilter Destillierkunst ist es die Reifung, die, im Gegensatz zum restlichen Rum der Insel, ausschließlich in Fässern aus weißer französischer Eiche stattfindet, die den Rum so besonders macht. Dieses Holz ist besonders großporig und ermöglicht dadurch den optimalen Austausch zwischen Sauerstoff und Destillat. Alle Details dieses Herstellungsprozesses verleihen diesem Rum fünf Sterne und die Bezeichnung „Special Reserve". Er sorgt in jedem Mixgetränk für die besondere Note. Sein trockener Charakter und seine leichte Struktur sind die perfekte Ergänzung der scharfen, würzigen Speisen der karibischen Inseln.

**Verkostung**

**Farbe:** *goldglänzend*
**Nase:** *raffiniert und komplex mit Noten von Honig, grüner Apfel, Aprikose, Ingwer und einem Hauch von Sauternes*
**Gaumen:** *weich, seidig anhaltend komplex mit Noten von Aprikosen- und Orangenmarmelade, Malzzucker, weißem Nougat, Zuckerrohrsaft und Ingwer*
**Abgang:** *nachhaltige Ingwer- und Honigaromen*
**Ideal:** *pur oder mit Eis*

# Clairin Casimir 3.1

**Herkunft:** *Haiti*
**Produzent:** *The Spirit of Haiti*
**Alkoholgehalt:** *53,40 %*
**Flaschengröße:** *70 cl*

**Typologie:** *Pure Single Rhum Agricole*
**Herstellung:** *klassische Brennblasen, Abfüllung unverändert direkt nach der Destillation*

Faubert Casimir führt die Arbeit fort, die sein Vater Duncan 1979 in Barradères begann, wo er auf 50 Hektar Land zartes weißes und rotes Hawaii-Zuckerrohr anbaut, alles rein biologisch, ohne chemische Dünger, Unkrautvertilgungsmittel und Fungizide. Nach der Ernte, die nur bei vollständiger Reife und konsequent von Hand durchgeführt wird, folgt der Transport des Zuckerrohrs in Eselskarren von den Feldern zur Destillerie The Spirit of Haiti in Saint Michel de L'Attalaye. Nach der Gewinnung des Zuckerrohrsafts fügt Faubert während der spontanen Gärung, die mindestens 120 Stunden andauert, Zitronengrasblätter, Zimt und für bestimmte Cuvées, auch Ingwer hinzu, Arbeitsschritte, die Clairin zu einem exzellenten Rum aus Haiti machen. Die Destillation erfolgt in Brennblasen mit maximal fünf Kupferplatten mit direktem Kontakt zum Feuer, eine Technik, die man als archaisch bezeichnen kann. Der Herstellungsprozess endet mit der Abfüllung des unfiltrierten Destillats mit unverändertem Alkoholgehalt. Der produzierte Rum – Casimir, Vaval und Sajous – unterscheidet sich zwar in Zuckerrohrart, Gärungs- und Destillationstechnik sowie Aromatisierung, hebt sich aber insgesamt deutlich von anderen Rumproduktionen Haitis ab, wo es 532 Destillerien gibt. Einige sind sehr klein mit improvisierten Herstellungsmethoden.

**Verkostung**

**Farbe:** *farblos und klar*

**Nase:** *beginnend mit Noten von Ingwer und Zimt, gefolgt von Zuckerrohrsaft, reifen Williams-Birnen und später schwarzem Pfeffer. Entwickelt sich zu Süßholz, Muskatnuss und Gewürznelken, Zitrone und Zitronengras. Von Anfang bis Ende sehr komplex*

**Gaumen:** *zarte Aromen von Pfirsich, Birne, berauschenden Blumen, Gewürzen, gefolgt von grasigen Noten, dann Zuckerrohr, Efeu und Rose*

**Abgang:** *anhaltend. Tigerbalsam verlängert den pikanten und therapeutischen Charakter im Mund und geht über in grüne Nuancen von Zuckerrohr, Flechten und Efeu. Der Nachgeschmack verflüchtigt sich mit marmeladigen Nuancen von Rose, Himbeere und Aprikose. Im leeren Glas verbleiben Aromen von Ingwer, Zimt, Walnussöl und Mandel*

**Ideal:** *pur oder für den Cocktail Baron Samedì*

RHUM BIELLE
Rhum Vieux
Agricole
NON FILTRÉ
Distillé, mis en vieillissement
2009
Soutiré en 2013
MARIE GALANTE

# Bielle Vieux 2009

**Herkunft:** *Marie-Galante (Frankreich)*
**Produzent:** *Bielle*
**Alkoholgehalt:** *42 %*
**Flaschengröße:** *50 cl*

**Typologie:** *Rhum Vieux Agricole*
**Herstellung:** *Destillation in einer antiken Savalle-Brennblase und Säulen, Reifung in Cognac-Holzfässern. Nicht filtriert*

Die Destillerie Bielle wurde im Jahr 1769 von Jean-Pierre Bielle im Herzen der kleinen karibischen Insel Marie-Galante auf einer Hochebene in 110 Metern Höhe gegründet. Dominique Thierry vereinte in den 1980er-Jahren die Erben der Familie, baute die Destillerie wieder auf und errichtete zur Erinnerung aus den Resten der alten Zuckerfabrik ein Freiluftmuseum, in dem die alten Geräte der Zuckerproduktion erhalten werden. Die antiken Zuckerrohrarten für die Rumproduktion stammen aus der 50 Hektar großen Anbaufläche des Betriebs und von 100 lokalen Kleinbauern, die ihre Ware auf Ochsenkarren anliefern. Heute produziert die Destillerie, die im letzten Jahrzehnt zum unangefochtenen Marktführer der Insel aufgestiegen ist, Rhum Agricole unter Anwendung antiker Techniken und ist in der Tat ein Beispiel für Traditionen, die bis zum heutigen Tag überliefert werden. Eine weitere Besonderheit von Bielle besteht darin, dass auf das Abbrennen der Felder vor der Ernte verzichtet wird, eine verbreitete Technik, um Schlangen zu vertreiben und Unkraut zu vernichten. Dadurch nimmt der Rum auch keine Brandaromen auf.

**Verkostung**

**Farbe:** *gelbgold mit intensiven bernsteinfarbenen Reflexen*
**Nase:** *die Aromen reichen von gelbfleischigen, süßen, reifen Früchten bis hin zu Gewürzen, insbesondere Zimt. Die hintergründigen, kräftigen Holznoten bereichern auf angenehme Weise das komplexe Bouquet*
**Gaumen:** *trockener Ausdruck mit vollem, warmem Körper, reichhaltig und rund*
**Abgang:** *charakterisiert durch einen langen Nachklang*
**Ideal:** *pur*

RHUM BLANC
AGRICOLE
PÈRE
LABAT
59
ISLE DE MARIE-GALANTE
70 cl.
59% vol.

# Père Labat 59

**Herkunft:** *Marie-Galante (Frankreich)*
**Produzent:** *Distillerie Poisson*
**Alkoholgehalt:** *59 %*
**Flaschengröße:** *70 cl*

**Typologie:** *Rhum Agricole*
**Herstellung:** *kontinuierliche Destillation in einer Einzelsäule*

Dieser Rhum Agricole trägt eine geschichtsträchtige Marke, die nach Jean-Baptiste Labat, besser bekannt als Père Labat, benannt ist. In Martinique angekommen, führte der französische Missionar die Studien zur Destillation fort, die Vater Du Tertre begonnen hatte. Er setzte seine Arbeiten in die Tat um, ließ sich einen Destillierapparat für Cognac aus Frankreich schicken und passte ihn an die Rumproduktion an. So wurde der Labat-Destillierapparat geboren, der Erste, mit dem die Rumherstellung Ende des 17. Jahrhunderts auf den französischen Antillen begann. Poisson, eine kleine Destillerie, die älteste auf der Insel Marie-Galante mit Sitz in Grand Bourg, stellt den Père-Labat-Rum her, eine äußerst aromatische handwerkliche Produktion von höchster Qualität und Raffinesse. Die Destillerie unterhält immer noch die alten Apparate neben den moderneren Systemen der Destillation. Der Rhum Agricole 59 wird aus reinem Zuckerrohrsaft in Destilliersäulen in limitierter Abfüllung hergestellt.

**Verkostung**

**Farbe:** *transparent und kristallklar*
**Nase:** *das olfaktorische Profil weist vordergründig zarte Fruchtnoten mit frischen grünen Akzenten auf*
**Gaumen:** *weich im Geschmack trotz des hohen Alkoholgehalts, zarte, elegante und aromatische Noten*
**Abgang:** *lang anhaltend*
**Ideal:** *pur oder für den Cocktail Anse la Cuve*

rhum
rhum
PMG
RHUM BLANC AGRICOLE
MARIE GALANTE

# Rhum Rhum Blanc PMG

**Herkunft:** *Marie-Galante (Frankreich)*
**Produzent:** *Rhum Rhum*
**Alkoholgehalt:** *56 %*
**Flaschengröße:** *70 cl*
**Typologie:** *Pure Single Rhum Agricole*

**Herstellung:** *zweifache Destillation, in dampfbeheizten Brennblasen, nach einem Konzept des Brennmeisters Gianni Vittorio Capovilla in den Werkstätten der deutschen Firma Müller gebaut, anschließende Reduzierung des Alkoholgehalts auf 56 %*

Rhum Rhum wird in eigens von Capovilla konzipierten und von der deutschen Firma Müller gebauten Brennblasen in der Destillerie Bielle auf der Insel Marie-Galante hergestellt. Die Installation dieser Brennblasen mit einer Kapazität von 300 und 1200 Litern zwischen 2005 und 2007 ermöglichte die Kreation zweier unterschiedlicher Pure Single Rhums, auch in der 41%-Version. Rhum wird aus seltenem, natürlich angebautem rotem Zuckerrohr hergestellt, das mit der traditionellen coutelas geschnitten und in Ochsenkarren zur Destillerie gebracht wird. Während der Produktion wird der naturbelassene Zuckerrohrsaft weder verdünnt noch mit chemischen Stoffen oder Säuerungsmittel behandelt. Nach der Gärzeit von 5 bis 6 Tagen in thermoregulierten Inox-Tanks und der zweifachen Destillation wird das Destillat ausschließlich mit Regenwasser auf 56 % Alkoholgehalt reduziert. Rhum Rhum Blanc PMG (Pure Marie Galante) ruht vor der Abfüllung für rund ein Jahr in Inox-Tanks.

**Verkostung**
**Farbe:** *farblos*
**Nase:** *anfangs Noten von Pfirsich, Birne, Himbeere, in Alkohol eingelegten Kirschen, Ananas, Passionsfrucht, dann von Leder, Tabak, Lack, frisch geschnittenem Gras und frischem Ingwer*
**Gaumen:** *reichhaltig und ausladend mit fruchtigen Nuancen und Mandelnoten, dann Gewürznoten von Sternanis, Gewürznelke, Zimt, die sich zu Grapefruit, Bergamotte, Flieder und Maiglöckchen ausbauen. Den Abschluss bilden Noten von Vanille, Pistazien und Mandeln*
**Abgang:** *lang, sauber. Rückkehr fruchtiger Noten von kandierten Früchten, aber auch marmeladige Noten von Kirschen und Erdbeeren. Geranien- und Rosenblätter-Aromen umschließen Noten von Grafit, zurück bleibt ein Nachhall von Sternanis*
**Ideal:** *pur mit Eis*

Neisson
Blanc
NEISSON
APPELLATION D'ORIGINE CONTRÔLÉE
MARTINIQUE
R h
le
u M
AGRICOLE BLANC
par
NEISSON
THIEUBERT-CARBET
52.5 % vol.
70 cl
MISE EN BOUTEILLES AUX DOMAINES THIEUBERT - MARTINIQUE
DÉPOSÉ
RHUM NEISSON

**Herkunft:** *Martinique (Frankreich)*
**Produzent:** *Neisson*
**Alkoholgehalt:** *52,50 %*
**Flaschengröße:** *70 cl*

**Typologie:** *Rhum Agricole*
**Herstellung:** *kontinuierliche Destillation in Savalle-Kupfersäulen*

Neisson ist eine kleine Destillerie am Eingang eines Fischerdorfes, die 1931 gegründet wurde und heute von Grégory Vernant Neisson in dritter Generation geführt wird. Er ist der letzte Brennmeister der Insel, der zugleich Eigentümer ist. Der 40 Hektar große Landbesitz befindet sich in der Gemeinde La Carbet, verarbeitet wird ausschließlich Zuckerrohr aus eigenen Plantagen, wo auf vulkanischem Boden in Meeresnähe optimale Klimabedingungen für die Reifung der Pflanzen herrschen. Zudem baut Neisson drei heimische Zuckerrohrarten an: Malanoi, Rubanée und Cristalline, die nach langem Kampf in die Produktspezifikation für Martinique Rhum Agricole AOC aufgenommen wurden. Die Gärung des reinen, aus blauem Zuckerrohr gewonnenen Saftes erfolgt langsam, und die kontinuierliche Destillation dauert bis zu 72 Stunden, die längste der gesamten französischen Antillen, durch die der Rum eine einzigartige aromatische Komplexität entwickelt. Grégory experimentiert mit heimischen Hefen aus seinem Anbau. Die Destillation des Blanc 52,5 % erfolgt bei 73° C in einer Savalle-Kupfersäule aus dem Jahr 1938, die der Brennmeister selbst sehr kunstvoll und gewissenhaft, fast schon mit Besessenheit bei geringem Alkoholgehalt durchführt, um einen Rum mit guter Struktur zu gewinnen. Die hier vorgestellte Version ist ausschließlich aus blauem Zuckerrohr hergestellt, das auf dem Grundstück der Domaine Thieubert nahe der Destillerie angebaut wird. Neisson stellt zwei weitere klassische Versionen des Rum Blanc her, mit 50 % und 55 %, und seit 2016, nach der Umstellung einiger Hektar Land auf biologischen Anbau, L'Esprit Bio, einen neuen weißen Rum, der unverdünnt abgefüllt wird, nachdem die Destillate untereinander auf 70 % gemischt werden. Nach einer sechsmonatigen Ruhezeit in Stahltanks büßt er nichts von seinem Alkoholgehalt ein.

**Verkostung**

**Farbe:** *transparent und kristallklar*
**Nase:** *intensiv mit typischen Zuckerrohraromen, Zitrusfrüchten, Banane, einer ätherischen Lösungsmittelnote und einer Nuance Anis*
**Gaumen:** *vollmundig mit Honig- und Zitrusaromen*
**Abgang:** *intensiv, rund und aromatisch mit einem Nachhall aus Süßholz*
**Ideal:** *pur mit Eis*

RHUM VIEUX
SAINT JAMES
RHUM VIEUX AGRICOLE
VIEILLI EN FÛTS DE CHÊNE
Exceptionnel rhum au bouquet subtil de notes vanillées et boisées.
1765
APPELLATION D'ORIGINE CONTRÔLÉE
MARTINIQUE

# Saint James Vieux

**Herkunft:** *Martinique (Frankreich)*
**Produzent:** *Saint James*
**Alkoholgehalt:** *42 %*
**Flaschengröße:** *70 cl*
**Typologie:** *Rhum Vieux Agricole*

**Herstellung:** *zweifache Destillation, Brennblasen vom Charentais, Reifung in kleinen Eichenfässern zwischen 3 und 6 Jahren*

Paulin Lambert, ein Handelsunternehmer für Jamaica-Rum aus Marseille, erschuf 1882 die Plantations Saint James, er ließ den Namen eintragen, ebenso das Design der berühmten eckigen Flasche, die auch heute noch ein Markenzeichen darstellt. Zur selben Zeit erwarb er vier Destillerien und begann, Rum zu produzieren. Er war einer der Ersten, die durch Werbung ein alkoholisches Produkt in Flaschen vermarkteten. Auf diese Weise wurde er zum Marktführer des Martiniques und verkaufte seinen Rum auf verschiedenen Weltmärkten. 1967 wurde Saint James vom Picon-Konsortium übernommen, dann 1971 von Cointreau und 2003 von der Gruppe La Martiniquaise aufgekauft. Die vergangenen 40 Jahre der Geschichte des Saint James wurden von Jean-Claude Benoit geprägt, Generaldirektor der Gesellschaft und wegen seiner zahlreichen Errungenschaften vermutlich der wichtigste Mann des Rhum Agricole. Die Produktpalette von Saint James ist die umfassendste von Martinique und der karibischen Inseln. Der vorgestellte Rum gehört zur traditionellen Linie, zu der auch die Versionen Aged 7, 12 und 15 Jahre zählen, sowie drei Hors d'Age, Blends aus alten Jahrgängen.

**Verkostung**

**Farbe:** *intensive Kupferfarbe mit bernsteinfarbenen Reflexen*
**Nase:** *Duft von Orangenmarmelade und Zimt, zusammen mit süßen Vanille- und Butteraromen, Keks- und Anisnoten*
**Gaumen:** *weich und rund, mit umfassendem alkoholischen Aroma und wiederkehrenden Fruchtnoten*
**Abgang:** *sauber mit anhaltenden Nelken- und Muskatnoten*
**Ideal:** *pur*

# Trois Rivières Cuvée de l'Océan

**Herkunft:** *Martinique (Frankreich)*
**Produzent:** *B. B. S.*
**Alkoholgehalt:** *42 %*
**Flaschengröße:** *70 cl*
**Typologie:** *Rhum Agricole*

**Herstellung:** *Destillation aus reinem Zuckerrohrsaft in einer Kupfersäule, Reifung in Eichenfässern unterschiedlicher Herkunft*

Das Unternehmen Trois Rivières wurde 1660 von Nicolas Fouquet gegründet, der sich als Finanzminister unter Ludwig XIV. 2000 Hektar Land im Süden von Martinique zusprach. Es vergingen aber noch 110 Jahre mit mehreren Eigentümerwechseln bis zum Anbau von Zuckerrohr und der Eröffnung dreier Zuckermühlen, von denen noch Überreste existieren. 1785 wurde das Land von Etienne Isaïe Marraud Des Grottes erworben, der zur Zuckerproduktion die Rumherstellung hinzufügte. 1905 kaufte Amédée Aubéry den Besitz Trois Rivières, modernisierte ihn und produzierte nur noch Rum. Sein Sohn vergrößerte die Plantagen, transferierte die Destillerie und widmete sich der ausschließlichen Produktion von Rhum Agricole. 1953 kaufte die Familie Marraud Des Grottes, bereits Inhaber der Marke Duquesne, den Besitz zurück und vermarktete den gereiften Rum Trois Rivières bis 1972 unter dem Markennamen Duquesne. In den darauffolgenden Jahren führte die internationale Verbreitung des Rums aus Martinique zur Vergrößerung der Destillerie und zur Inbetriebnahme einer zweiten Destilliersäule. Die Gesellschaft B. B. S., bereits Inhaber der Rum-Marke La Mauny, übernahm 1994 die Destillerie, die sich zwei Jahre darauf mit dem Gütesiegel AOC (Appellation d'origine contrôlée) Martinique rühmen konnte. Die Herstellung des Cuvée de L'Ocean beginnt im Februar, wenn das Zuckerrohr aus Anse Trabaud im äußersten Süden von Martinique nach seinem Zuckergehalt ausgesucht und geschnitten wird. Der durch Pressen und Mahlen gewonnene Zuckerrohrsaft wird filtriert und in Bottichen unter Zugabe von Hefe zur Gärung gebracht. Nach 24 Stunden wird der gegorene Saft in einer Kupfersäule destilliert. Der Rum reift in Eichenfässern, wobei sich das tropische Klima begünstigend auswirkt, bevor er von Brennmeister Daniel Baudin ausgewählt wird. Dieser Rum wird nicht kalt filtriert.

**Verkostung**

**Farbe:** *farblos und kristallklar*
**Nase:** *charakterisiert vom verführerischen Duft von Zuckerrohrblüten sowie ausgefallenen mineralischen Nuancen aus Salz und Jod*
**Gaumen:** *ein kräftiger, reicher und öliger Rum, ausgesprochen mineralisch. Der Ozean, an den der Name des Rums erinnert, ist auch geschmacklich präsent und passt perfekt zu den Pflanzennoten des Zuckerrohrs*
**Abgang:** *lang und ausdrucksvoll mit salzigen und mineralischen Noten*
**Ideal:** *pur oder für den Cocktail Papillon*

# Rum des amerikanischen Kontinents

Doorly's XO
Mount Gay Black Barrel
Plantation 20th Anniversary
Gosling's Black Seal 80 Proof
La Hechicera Fine Aged Rum
Centenario Gran Legado 12 Años
Santiago de Cuba Carta Blanca
Cihuatán Solera 12 Reserva Especial
Hampden Fire Velvet Overproof
Worthy Park Rum-Bar White Overproof
Botran Reserva Blanca
El Dorado 8 Years Old
Sol Tarasco Extra Aged Charanda
Flor de Caña Gran Reserva 7 Years Old
Ron Abuelo 7 Años
Malteco Reserva del Fundador 20 Años
Zafra Master Reserve 21 Años
Ron Millonario Reserva Especial 15 Años
Don Q Añejo
Brugal Extra Viejo
Presidente Marti 15 Años Solera
Admiral Rodney St. Lucia Rum
Angostura 1919
Diplomático Reserva Exclusiva
Roble Viejo Extra Añejo

In Mittel- und Teilen Südamerikas wächst artenreiches und qualitativ hochwertiges Zuckerrohr, das seit Jahrhunderten in alter Tradition verarbeitet wird. Aus Barbados kommen drei sehr unterschiedliche Rums: Doorly's XO ist ein Verschnitt aus 6- bis 12-jährigem Rum mit zweifacher Reifung, Mount Black Barrel reift in Spezialfässern, und Plantation 20th Anniversary wird auf zwei Arten destilliert. Aus Bermuda stammt der außergewöhnliche Gosling's, aus Kolumbien der nach der Solera-Methode in 12 bis 21 Jahren gereifte La Hechicera, und in Costa Rica wird Centenario Gran Legado 12 Años aus Zuckerrohrsaft hergestellt. Der kubanische Santiago de Cuba Carta Blanca ist ein *Ron ligero* alter Tradition, und aus El Salvador kommt Cihuatán, 12 Jahre nach der Solera-Methode gereift, während aus Jamaika zwei Versionen *Overproof* vorgestellt werden: Hampden Fire Velvet, dreifach destilliert, und Worthy Park Rum-Bar aus der ältesten noch aktiven Destillerie der Welt. Guatemala wird durch den Botran Reserva Blanca aus Zuckerrohrsaftkonzentrat repräsentiert, während in Guyana der El Dorado 8 Years Old aus Demerrara-Melasse hergestellt wird. Aus Mexiko kommt Sol Tarasco vom Typ „Charanda", und aus Nicaragua der Flor de Caña Gran Reserva 7 Years Old mit facettenreichem Profil. Panama wird mit drei Marken vorgestellt: Abuelo 7 Años aus Melasse in einer Destillierkolonne gewonnen, Malteco 20 Años im „Guatemala-Stil" aus Konzentrat hergestellt, und Zafra Master Reserve 21 Años in limitierter Abfüllung. Der peruanische Rum Millonario 15 Años wird in drei Etappen destilliert und der puerto-ricanische Don Q Añejo nach Produktspezifikation kreiert. Aus der Dominikanischen Republik kommen Brugal Extra Viejo aus Melasse, 8 Jahre gereift, und Presidente Marti 15 Años Solera aus Saft und Sirup. Aus Saint Lucia wird Admiral Rodney vorgestellt, 12 Jahre in besonderen Fässern gereift. In Trinidad & Tobago finden wir Angostura 1919, einen Verschnitt aus 8-jährigem Rum. Die Auswahl beschließen Diplomático Reserva Exclusiva, ein Verschnitt aus 60 Rums, und Roble, aus dem Herz des Destillats und 8 Jahre gereift, aus Venezuela.

SPECIALLY SELECTED
X·O
DOORLY'S FINE RUM
DOORLY'S
From the House of MARTIN DOORLY, has emerged a rum without equal. To produce the unique character of DOORLY'S X.O., some of our oldest rums are carefully selected for a special second maturation.
This second Maturation is carried out with oak already seasoned in the aging of fine SPANISH OLOROSO SHERRY. The result is a delicate fusing of complex flavours giving rise to a rum of unparalleled excellence.
Fine Old
BARBADOSRUM
PRODUCT of BARBADOS
70 cl 40% Alc./Vol.
Distilled, blended and bottled by
R L Seale & Company Limited, Foursquare, St. Philip, Barbados

# Doorly's XO

**Herkunft:** *Barbados*
**Produzent:** *Foursquare Distillery*
**Alkoholgehalt:** *40 %*
**Flaschengröße:** *70 cl*
**Typologie:** *Blended Rum*

**Herstellung:** *Destillation sowohl durch Coffey still als auch durch pot still, Fassreifung, Verschnitt aus 6 bis 12 Jahre lang gereiftem Rum mit anschließender Verfeinerung in Sherry-Fässern*

1916 verabschiedete die Regierung der britischen Kolonie Barbados den Rum Duty Act, der großen Einfluss auf die Entstehung der Rumindustrie hatte, wie wir sie heute kennen. Das neue Gesetz verlangte die Vergabe von Brennlizenzen, und neue Destillerien durften ihren Rum nur in Fässern verkaufen, nicht in Flaschen. Das hatte zur Folge, dass viele Händler in Bridgetown zu Abfüllern wurden, einschließlich Martin Doorly, dessen Doorly's Macaw Rum zum ersten Rum von Barbados wurde, den man exportierte. Doorly's ist die wichtigste Produktlinie der Foursquare Distillery in St. Philip. Richard Seale gilt als einer der besten Destillatoren karibischen Rums, und seine Destillerie gehört zu den technologisch modernsten und umweltfreundlichsten von Barbados. Sie wurde besonders energieeffizient konzipiert und verfügt über das modernste Recycling- und Abfallentsorgungssystem der Insel. Doorly's XO und der Rum der gesamten Palette wird in Vacuum-Brennblasen hergestellt, die eine Destillation bei niedrigerer Temperatur ermöglichen. Durch diese Art der Destillation werden unnatürliche Aromen im Rum vermieden. Der anschließende Verschnitt besteht aus 6 bis 12 Jahre lang gereiftem Rum, der in spanischen Sherry-Oloroso-Fässern seine zweite Reifung zu einem komplexen, cremigen und samtigen Rum erfährt. Der XO wird wie der 3-, 5- und 12-jährige Rum aus Melasse ohne weitere Zuckerzugabe auf Barbados hergestellt und abgefüllt.

**Verkostung**

**Farbe:** *intensives, leuchtendes Bernstein*
**Nase:** *charakteristisches und faszinierendes Bouquet aus Früchten, Gewürzen, Sichuanpfeffer, Orange und gerösteten Nüssen*
**Gaumen:** *cremig und samtig mit dominierenden Zuckerrohr- und Zimtnoten*
**Abgang:** *harmonisch, elegant, anhaltend*
**Ideal:** *pur oder mit einer Davidoff-Nicaragua-Toro-Zigarre*

# Mount Gay Black Barrel

**Herkunft:** *Barbados*
**Produzent:** *Mount Gay*
**Alkoholgehalt:** *43 %*
**Flaschengröße:** *70 cl*
**Typologie:** *Handcrafted Rum*

**Herstellung:** *zweifache Destillation in einer Single-Kupfer-Destilliersäule, zweifache Reifung: die erste in getoasteten Eichenfässern und die zweite zur Verfeinerung in stark getoasteten Bourbon-Fässern*

Die Gründung der Destillerie im Jahr 1703 macht den Mount Gay zum ältesten Label der Karibik, wie sein Etikett auch heute noch stolz verkündet. Der Gründer war Sir John Gay, ein respektabler Geschäftsmann von Barbados, der auf Anraten seines Freundes John Sorber, ein Experte der damaligen Destillationstechnik, St. Michael als Sitz der Destillerie wählte, einen Ort im Süden der Insel, der zu dieser Zeit als Mount Gilboa bekannt war. Im Laufe der Jahre wurde der Destillationsprozess neu definiert, und heute verfügt das Unternehmen über eine mehr als 310-jährige Tradition, Handwerkskunst und Fachkompetenz. Der Black Barrel, die neueste Kreation des Blendmeisters Allen Smith, ist eine kleine Charge aus kunstvoll zusammengestelltem gereiften und gealterten Rum. Aus Zuckerrohr, das aus Plantagen der Umgebung stammt, wird beste Melasse hergestellt, die sterilisiert und in 22 bis 48 Stunden unter Zugabe von Qualitätshefe vergoren wird. Dann folgt die zweifache Destillation in einer Single-Kupfer-Destilliersäule. Nach der Destillation hat der Rum einen Alkoholgehalt von 95 % und wird vor der Fassreifung mit reinem Quellwasser der Insel auf 68 % gebracht. Für die Reifung des Verschnitts wurden stark getoastete Bourbon-Eichenfässer gewählt. Durch dieses einzigartige Verfahren entwickeln sich würzige Aromen, die gleichzeitig ausgewogen und gewagt sind.

**Verkostung**

**Farbe:** *goldfarben mit Bernsteinreflexen*

**Nase:** *würzige, süße und scharfe Noten, von Vanille über Pfeffer, Ingwer und Kardamom, die Platz lassen für die Aromen reifer tropischer Früchte*

**Gaumen:** *ausgewogen, komplex und körpervoll mit kraftvollen Gewürznoten und Nuancen von Vanille und süßem Karamell*

**Abgang:** *intensiv, lang und sehr anhaltend*

**Ideal:** *pur, mit Eis oder für den Cocktail Ichirouganaim, gemischt mit Mount Gay Rum Silver*

# Plantation 20th Anniversary

**Herkunft:** *Barbados*
**Produzent:** *West Indies Rum Distillery*
**Alkoholgehalt:** *40 %*
**Flaschengröße:** *70 cl*
**Typologie:** *Rum*

**Herstellung:** *Destillation in Säule und Brennblase, erste Fassreifung auf Barbados, dann in kleinen Cognac-Eichenfässern in Frankreich mit anschließendem Verschnitt des 12 bis 20 Jahre lang gereiften, erlesenen Rums aus Barbados*

Das Unternehmen von Alexandre Gabriel, Eigentümer der Cognacfirma Maison Ferrand, hatte seit vielen Jahren seine gebrauchten Cognacfässer an die wichtigsten Rum-Destillerien der Karibik verkauft. Als ausgesprochenem Kenner der Karibik ist es ihm gelungen, einige kleinere Chargen sehr erlesenen Rums von außergewöhnlicher Qualität aufzuspüren, die hauptsächlich für den persönlichen Verbrauch des Kellermeisters oder zur Veredelung anderer Rumsorten bestimmt waren. Auf diese Weise entstand die Marke Plantation, aus deren Produktion auch der Plantation 20th Anniversary stammt, zum 20-jährigen Bestehen der Marke, sowie weitere drei Rumsorten: Gran Añejo, Five Years und Grande Réserve aus der Linie Signature Blend, neben der Vintage Collection, die aus Jahrgangsrum aus der Karibik und Mittelamerika besteht. Eine besondere Charakteristik dieses Rums ist die zweifache Reifung: die erste in der Karibik, die zweite in der französischen Region Cognac. In der Karibik, in der der „Angel's Share" aufgrund des tropischen Klimas bedeutende 7 % beträgt, reift der Rum in Bourbon-Fässern aus amerikanischer Eiche, die ihm deutliche Vanille- und Kokosnoten verleihen, zwischen 8 und 10 Jahre lang. Dann wird der Plantation-Rum auf das Schloss Bonbonnet in der Charente gebracht, wo er in kleinen Pierre-Ferrand-Cognac-Fässern aus französischer Eiche, die dem Rum ein zartes Tannin-Aroma geben, für weitere 2 bis 10 Jahre vebleibt. Diese letzte Reifung sorgt für die Eleganz und die Feinheit, durch die alle Plantation-Rums charakterisiert sind.

**Verkostung**

**Farbe:** *bernsteinfarben mit Mahagonireflexen*
**Nase:** *Aromen exotischer Früchte, darunter Kokos, Zuckerrohr, Vanille, kandierte Zitrusfrüchte, Kakao und rauchige Nuancen*
**Gaumen:** *deutliche Nuancen von Zimt, Vanille und Kakao. Die lange Reifung in Eichenfässern ruft Erinnerungen an Schokolade und Marzipan hervor*
**Abgang***: komplex und anhaltend*
**Ideal:** *pur*

Gosling's
BLACK SEAL

# Gosling's Black Seal 80 Proof

**Herkunft:** *Bermuda*
**Produzent:** *Familie Gosling*
**Alkoholgehalt:** *40 %*
**Flaschengröße:** *70 cl*

**Typologie:** *Rum*
**Herstellung:** *Verschnitt aus drei Sorten karibischen Rums, zwischen 3 und 6 Jahre lang gereift mit anschließendem Blending auf den Bermuda-Inseln*

Die Geschichte der Familie Gosling beginnt 1806, als sich James, der älteste Sohn Williams (Wein- und Spirituosenhändler), vom Hafen in Gravesend in Kent mit 10.000 Pfund in der Tasche nach Amerika aufmachte. Nachdem er zweieinhalb Jahre umherreiste, landete er im Hafen von Saint George auf den Bermuda-Inseln. 18 Jahre später mietete er zusammen mit einem Bruder einen Laden in der Hauptstadt Hamilton. Weitere 3 Jahre darauf kamen die ersten Eichenfässer mit Rum verschiedenen Alters auf den Bermudas an. Nach langem Experimentieren mit dem Verschnitt kam 1857 der Rum in den Verkauf, der später den Namen Black Seal tragen sollte. Die Komposition ist, genau wie in der Vergangenheit, ein Verschnitt aus drei verschiedenen, zwischen 3 und 6 Jahre lang gereiften karibischen Rums, der in der Karibik zusammengestellt wird. Die Bezeichnung 80 Proof weist auf einen Alkoholgehalt von 40 % hin. Das Bouquet ist mit Vanille- und Karamellnoten angereichert, die den besonderen Stil dieses Destillats ausmachen. Bis zum Ersten Weltkrieg wurde der Rum offen verkauft, dann in mit schwarzem Wachs versiegelten Champagnerflaschen bis hin zum heutigen Stil des Labels. Gosling's Black Seal, der einzige Rum von den Bermudas, ist nach über 200 Jahren immer noch im Besitz der Familie Gosling. Mischt man Gosling's Black Seal mit Gosling's Ginger Beer, erhält man den Nationalcocktail der Bermudas, den Dark 'n' Stormy.

**Verkostung**
**Farbe:** *Mahagoni mit Kupferreflexen*
**Nase:** *intensive Noten von Sahnekaramell, Vanille und Karamell*
**Gaumen:** *vollmundig, körpervoll, weich*
**Abgang:** *voll und ausdrucksstark*
**Ideal:** *pur oder für den Cocktail Caldera*

MODO · FORT
RON COLOMBIANO
LA HECHICERA
40% vol
FINE AGED RUM FROM COLOMBIA
700ml e

# La Hechicera Fine Aged Rum

**Herkunft:** *Kolumbien*
**Produzent:** *La Hechicera Company*
**Alkoholgehalt:** *40 %*
**Flaschengröße:** *70 cl*

**Typologie:** *Ron Colombiano*
**Herstellung:** *Verschnitt aus den besten Rums aus Melasse, 12 bis 21 Jahre nach der Solera-Methode gereift*

La Hechicera bedeutet „die Bezaubernde" und bezeichnet die verführerische Schönheit und Üppigkeit der Biodiversität der kolumbianischen Küste.
Nach sorgfältiger Auswahl des unbearbeiteten, aus der Karibik stammenden Destillats reift der Rum nach der Solera-Methode in Barranquilla an der Küste Kolumbiens unter ständiger Kontrolle durch den *Maestro Ronero* Giraldo Mituoka. Der gebürtige Kubaner Giraldo begann seine Kariere in Kuba während der kubanischen Revolution als Erntehelfer für Zuckerrohr, und nach jahrelanger harter Arbeit verdiente er sich den Meistertitel. Durch das Embargo war es unmöglich, Rum in die USA zu verkaufen, deshalb überzeugte er die kubanische Regierung, einige der besten *Maestros Roneros* in befreundete Staaten zu senden mit dem Ziel, den unbearbeiteten kubanischen Rum in einem anderen Staat abzufüllen und ihn an die Staaten zu verkaufen. So kam es, dass Giraldo Mituoka nach Kolumbien ging und seine Erfahrungen mit denen der Familie Riasco vereinte, die seit über 20 Jahren die besten Destillate aus der Karibik auswählt. La Hechicera ist ein authentischer Rum, nicht nachgezuckert und frei von Zusätzen. Seine Weichheit ist das Ergebnis jahrzehntelanger Arbeit, des natürlichen Austausches zwischen dem Geist des Destillats, den reichen Aromen des Fasses und der vergehenden Zeit.

**Verkostung**

**Farbe:** *leuchtendes, sattes Bernstein*
**Nase:** *charakteristisches, faszinierendes Bouquet aus Zitrusfrüchten, geröstetem Kaffee, Tabak und einem Anklang von Orangenschale sowie fruchtigen Nuancen*
**Gaumen:** *sehr lebendiger Geschmack, rund und sauber mit Röst- und Gewürznoten*
**Abgang:** *harmonisch und elegant*
**Ideal:** *pur oder mit einer Bolivar-Belicos-Campanas-Zigarre*

CENTENARIO
DOCE AÑOS
CENTENARIO
RON
12
AÑOS
GRAN LEGADO
70 cl e
PRODUCTO DE COSTA RICA
40% vol

# Centenario Gran Legado 12 Años

**Herkunft:** *Costa Rica*
**Produzent:** *ATF*
**Alkoholgehalt:** *40 %*
**Flaschengröße:** *70 cl*
**Typologie:** *Ron*
**Herstellung:** *Destillation in Destillierkolonne, Reifung in Bourbon-Fässern aus Weißeiche*

Der Herstellungsprozess des Ron Centenario beginnt mit der sorgfältigen Auswahl des heimischen Zuckerrohrs. Das tropische Klima Costa Ricas bildet zusammen mit der Vulkanerde die besten Voraussetzungen für eine gute Zuckerrohrernte, die alle 15 Monate stattfindet. Nach dem Schnitt wird das Zuckerrohr zu den Pressen gebracht, um den Saft zu erhalten, der dann unter Zugabe von Hefe dem Gärprozess unterzogen wird. Dann wird der vergorene Saft durch einen Destillationsvorgang gereinigt, der die verschiedenen Bestandteile veredelt und voneinander trennt. Die Selektion Gran Legado reift 12 Jahre lang in Fässern aus Weißeiche und wird im Anschluss vom Brennmeister zusammengestellt, bevor der Rum abgefüllt wird.
Der Gran Legado passt sehr zu Gerichten wie Risotto mit Gambas und Orange, und besonders gut zu typisch kreolischen Gerichten wie mariniertem Schweinefleisch. Er ist auch ideal zu Desserts mit Mascarpone oder zur Sachertorte.

**Verkostung**
**Farbe:** *bernsteinfarben*
**Nase:** *Vanille, Leder, Schokolade, reife Früchte wie Pfirsiche und Aprikosen*
**Gaumen:** *anfangs Schokolade und tertiäre Noten von Leder und Honig, dann Noten von reifen Früchten mit Nuancen von Anis und Süßholz*
**Abgang:** *süß, aber nicht unangenehm, warm, weich, anhaltend mit abschließenden Röst- und Gewürznoten*
**Ideal:** *pur, mit einer weichen mittelstarken Zigarre oder zusammen mit Schokolade von einem Kakaogehalt unter 80 %*

RON
SANTIAGO de CUBA
CARTA BLANCA
PRODUCIDO Y EMBOTELLADO
EN SANTIAGO DE CUBA
POR CORPORACIÓN CUBA RON S.A.
e700 ml
38% alc/vol
REPUBLICA DE CUBA
Garantia
cuban government's warranty for cuban rum

# Santiago de Cuba Carta Blanca

**Herkunft:** *Kuba*
**Produzent:** *Corporación Cuba Ron*
**Alkoholgehalt:** *38 %*
**Flaschengröße:** *70 cl*
**Typologie:** *Ron*
**Herstellung:** *Destillation in der Säule, 3-jährige Reifung in amerikanischen Weißeichenfässern*

Im 16. Jahrhundert verbreiteten sich auf den Antillen verschiedene Methoden zur Herstellung und Verblendung von Rum. Auf Kuba entstand dank technischer Innovationen ein aromatisches Produkt mit einem so feinen Geschmack, das es den Namen *Ron ligero*, „leichter Rum", erhielt, als Gegensatz zu den schwereren Destillaten von anderer karibischer Herkunft. Diese auf Kuba, insbesondere in Santiago de Cuba, entwickelte Methode der Destillation, Reifung und Verblendung ist auch heute noch Ausdruck höchster Herstellungskunst des *Ron ligero*. Der Ron Santiago de Cuba wird ausschließlich in der gleichnamigen Stadt, in der ältesten Fabrik für Ron cubano, die bis 1862 zurückgeht, hergestellt, reifen gelassen und abgefüllt. Der aus Melasse hergestellte Ron erfährt in ausgewählten Weißeichenfässern seine natürliche Reifung, einige der Fässer, für die Superior Selection, sind schon über 70 Jahre in Gebrauch. Hitze und Feuchtigkeit der Tropen begünstigen auf natürliche Weise die Verdunstung des Alkohols und die Verbindung mit den Substanzen des Holzes. Der gesamte Herstellungsprozess wird minutiös von *Maestros Roneros* überwacht, die ihren Nachfolgern die Kunst der Verblendung des Rons weitergeben. Santiago de Cuba ist die kulturelle Hauptstadt der Karibik, mit allen Facetten karibischer Kulturen.

**Verkostung**

**Farbe:** *transparent mit bernsteinfarbenem Touch*
**Nase:** *rund mit Zitrusnoten, florale Noten mit zart-würzigen Nuancen*
**Gaumen:** *leicht, trocken, weich mit charakteristischen Fruchtnoten*
**Abgang:** *anhaltend*
**Ideal:** *pur, mit Eis und für den Cocktail Cubacanan*

RON de EL SALVADOR
DISTILLED IN
EL SALVADOR
PRODUCED BY
LICORERA CIHUATAN
SOLERA
SOLERA
RUM AGED IN BOURBON CASKS FOR 12 YEARS
WE BELIEVE IN THE KINDNESS AND WISDOM OF
OUR SUGARCANE. IT HAS TAUGHT US TO GROW TOWARDS
THE SUN AND TO CULTIVATE THE FRUITS
OF THE EARTH LIKE SOMETHING SACRED.

# Cihuatán Solera 12 Reserva Especial

**Herkunft:** *El Salvador*
**Produzent:** *Licorera Cihuatán*
**Alkoholgehalt:** *40 %*
**Flaschengröße:** *70 cl*

**Typologie:** *Aged Rum*
**Herstellung:** *Destillation in Kolonnen, 12-jährige Reifung in Bourbon-Fässern nach der Solera-Methode*

Cihuatán ist eine präkolumbische archäologische Stätte in El Salvador von großer Bedeutung. Die Stadt mit klaren Einflüssen aztekischer Architektur wurde zwischen 900 und 1200 n. Chr. von den eingeborenen Maya-Pipil gebaut und bewohnt. Der Name der Stadt, der „nahe der Frau“ bedeutet, ist von der Form des nahe gelegenen Berges Guazapa abgeleitet, dessen Profil an die Silhouette einer schlafenden Frau erinnert. Die Licorera Cihuatán ist die erste und einzige Destillerie, die Qualitätsrum aus in El Salvador angebautem Zuckerrohr herstellt. Die gesamte Produktion wird vom Anbau bis zur Abfüllung kontrolliert. Das Unternehmen gehört zur Zuckerraffinerie La Cabaña, die vor über einem Jahrhundert gegründet wurde und entscheidend zur Entwicklung der örtlichen Gemeinde und ihrer Kultur beitrug. Zu Ehren dieses geschichtsträchtigen Orts und seiner antiken Wurzeln haben sich die Verantwortlichen des Unternehmens dazu entschlossen, mit einem Teil der Einnahmen aus dem Rumverkauf zur Restaurierung dieser historischen Stätte beizutragen, weil die weiteren Ausgrabungen wegen fehlender Mittel zurückgestellt wurden. Die Reifung nach der Solera-Methode fördert die Verdunstung und Entwicklung des Destillats eines jeden Fasses. Es werden Bourbon-Fässer aus amerikanischer Eiche verwendet, die die Ausgewogenheit zwischen den zarten Aromen des Holzes und der Süße des Rums garantieren. Etikett und Kragen der Flasche zeigen eine stilisierte Darstellung der Azteken-Gottheit Tlaloc, die für Regen und Fruchtbarkeit steht.

**Verkostung**
**Farbe:** *Mahagoni mit kupferfarbenen Nuancen*
**Nase:** *eine Sinfonie aus Düften nach Melasse und braunem Zucker*
**Gaumen:** *strukturiert, Tannine im Dialog mit Noten von Gewürzen, süßen Nüssen und gebrannten Mandeln*
**Abgang:** *lang, reichhaltig und ausdrucksvoll*
**Ideal:** *pur*

SINCE 1753
HAMPDEN ESTATE
TRIPLE DISTILLED
EXCEPTIONALLY SMOOTH
JAMAICAN
WHITE OVERPROOF RUM
HAMPDEN ESTATE

# Hampden Fire Velvet Overproof

**Herkunft:** *Jamaika*
**Produzent:** *Familie Hussey*
**Alkoholgehalt:** *63 %*
**Flaschengröße:** *70 cl*
**Typologie:** *White Overproof Rum*
**Herstellung:** *dreifache Destillation in Kupferbrennblasen*

Hampden Estate wurde 1753 in Trelawny gegründet und zählt zu den ältesten Betrieben Jamaikas, die Zuckerrohr verarbeiten. Der Betrieb ist unter Jamaika-Rumkennern bekannt für seinen intensiv schmeckenden 100-prozentigen *Pot-still*-Rum und produziert heute Destillate, die als Quintessenz des Rums gelten. Dies ist der langen Gärzeit der Melasse geschuldet, die bis zu 2 Wochen dauern kann, typisch für die jamaikanische Tradition der Rumherstellung, wobei nur eigene Hefekulturen verwendet werden. Die Familie Hussey erwarb 2009 Hampden Estate und begann, die in Teilen zerstörte Destillerie wieder aufzubauen. Seit dem Erwerb des Betriebs gibt es den Rum in zwei Abfüllungen: als Rum Fire, ein weißer *Overproof*-Rum (mit hohem Alkoholgehalt), der außergewöhnlich weich ist und eine überraschende Entwicklung darstellt, und, um die Tradition fortzuführen, als klassischen Rum Hampden Gold mit 40 %, der mit ganz alten Techniken hergestellt wird. Für den Rum Fire kauft die Destillerie hochwertige Melasse von den Zuckerfabriken Jamaikas, die nach Zuckeranteil und Erntequalität ausgewählt wird. Der Destillationsprozess wird von Brennmeister Winston Reid überwacht.

**Verkostung**
**Farbe:** *transparent und kristallklar*
**Nase:** *ausladendes, leicht fruchtiges Bouquet*
**Gaumen:** *knackig mit überraschender Süße sowie Noten von Ananas und Cashewnüssen*
**Abgang:** *weich, vollmundig und sehr anhaltend*
**Ideal:** *pur mit Eis und einem Spritzer Limette*

W.P. W.P.
WORTHY PARK ESTATE
GUARANTEED STRENGTH
Rum Bar
RUM
PREMIUM
WHITE OVERPROOF
63% VOL.
e 70CL

# Worthy Park Rum-Bar White Overproof

**Herkunft:** *Jamaika*
**Produzent:** *Worthy Park*
**Alkoholgehalt:** *63 %*
**Flaschengröße:** *70 cl*

**Typologie:** *Pure Single Rum*
**Herstellung:** *Destillation in einer Brennblase mit zwei Retorten*

Worthy Park Estate wurde 1670 gegründet und liegt im Landkreis St. Catherine im Herzen Jamaikas, 60 Kilometer entfernt von Kingston. In 340 Jahren nur von drei Familien geführt, wurde dort bereits seit der Gründung Rum hergestellt. Die Destillerie gilt deshalb als die älteste der Welt, die noch in Betrieb ist. Das Unternehmen ist aktuell eine Zuckerraffinerie mit Destillerie, in der Rum in rein jamaikanischem Stil produziert wird. Die eigene Melasse wird auf zwei Arten vergoren, Light und Heavy, je nach verwendeter Hefe, die in Eichenbottichen kultiviert wird. Aus der Destillation, die in einer Brennblase mit zwei Retorten erfolgt, wird der Rum-Bar als Pure Single Rum und als *Overproof* mit 63 % gewonnen. Ein intensiver, extravaganter Rum von explosiver Komplexität mit einem hohen Alkoholgehalt, in perfektem Einklang mit dem wahren jamaikanischen Stil.

**Verkostung**

**Farbe:** *transparent und kristallklar*
**Nase:** *volles Bouquet mit klarer Zuckerrohrnote, gefolgt von Aromen exotischer Früchte mit deutlichen Limetten-Nuancen*
**Gaumen:** *lebendig und intensiv, dominiert vom hohen Alkoholgehalt*
**Abgang:** *sehr lang an Schokolade und Vanille erinnernd*
**Ideal:** *pur mit Eis oder für den Cocktail Port Royal*

Ron Añejo
BOTRAN®
RESERVA BLANCA
CASA BOTRAN
Creado con la más fina caña de azúcar y destilado localmente.
Elaborado bajo el Sistema Solera con rones especialmente seleccionados.
40% vol
70 cle
PRODUCTO DE GUATEMALA
Sistema Solera

# Botran Reserva Blanca

**Herkunft:** *Guatemala*
**Produzent:** *Botran*
**Alkoholgehalt:** *40 %*
**Flaschengröße:** *70 cl*

**Typologie:** *Ron Añejo*
**Herstellung:** *nach der Destillation erfolgt die erste Reifung in Eichenfässern nach der Solera-Methode, dann in getoasteten Bourbon-Fässern*

Zu Beginn des 20. Jahrhunderts ließen sich fünf Brüder der Familie Botran aus Burgos in Spanien in Guatemala nieder. Nachdem sie, dank idealem Klima und vulkanischem Boden, erfolgreich Zuckerrohr angebaut hatten, begannen sie 1939 mit der Industria Licorera Quetzalteca Rum herzustellen. Das Zuckerrohr wird in der großen Tulula-Mühle an der Südküste Guatemalas gehäckselt und ausgepresst, um den Saft zu erhalten, der dann auf ein 75-prozentiges Konzentrat eingedampft wird – *miel virgen* genannt –, wie es die geschützte Herkunftsbezeichnung Guatemalas verlangt. Für seinen Rum fermentiert Botran das Zuckerrohrsaftkonzentrat 5 Tage lang mittels selbst gezüchteter Hefekulturen, die in der Lage sind, den Zucker in Substanzen zu verwandeln, die wiederum im Endprodukt angenehme Aromen entwickeln. Nach der Destillation reift der Reserva, wie die anderen Rumsorten, nach der Solera-Methode (ein Prozess, bei dem während einer langen Reifezeit in Weißeichenfässern junger und alter Rum miteinander vermischt werden) in 2400 Metern Höhe zuerst in originalen Eichenfässern, dann in getoasteten Fässern, die zuvor Bourbon enthielten. Der Reserva Blanca wird durch Aktivkohle filtriert, wodurch er zwar seine Bernsteinfarbe verliert, aber seinen fruchtigen Geschmack behält, dessen Holznoten charakteristisch für gereiften Rum sind.

**Verkostung**

**Farbe:** *hell und kristallklar*

**Nase:** *Noten von Vanille und Butter, dann Leder- und Tabak-Aromen, fast schon Weihrauch, gefolgt von Anklängen von weißem Pfeffer und Nüssen*

**Gaumen:** *trocken, weich, warm und schmeichelnd mit sich entwickelnden nussigen Noten von Mandeln und Haselnüssen*

**Abgang:** *für einen weißen Rum seltene Komplexität und Struktur*

**Ideal:** *pur mit Eis oder für den Cocktail Nahuatl*

DEMERARA
1670
EL DORADO
8
CASK AGED YEARS
DEMERARA
RUM
RON • RHUM
40%vol
70cl ℮

# El Dorado 8 Years Old

**Herkunft:** *Guyana*
**Produzent:** *Demerara Distillers*
**Alkoholgehalt:** *40 %*
**Flaschengröße:** *70 cl*
**Typologie:** *Single Blended Rum*

**Herstellung:** *Destillation in vier traditionellen Brennblasen, darunter der originale Wooden Coffey still von Enmore und der doppelte Wooden pot still von Port Mourant, Reifung in Bourbon-Eichenfässern und anschließender Verschnitt*

Die 1670 gegründeten Demerara Distillers produzieren neben der Marke El Dorado auch weitere exzellente Rumsorten. Nach der Schließung von acht Destillerien der Insel beherbergt die letzte aktive Destillerie Guyanas heute die Destillieranlagen der stillgelegten Unternehmen. Die alten Anlagen zu behalten, war eine vorausschauende Entscheidung des legendären Chairmans Yesu Persaud, der die verschiedenen traditionellen Rumsorten weiterhin produzieren wollte. El Dorado ist heute ein Verschnitt aus diversen Brennblasen, sozusagen eine Mischung aus diesen traditionellen Destillaten. An den Ufern des Demerara, der durch Guyana fließt, wächst das gleichnamige Zuckerrohr, aus dem Demerara-Zucker und Rum hergestellt werden. Die Melasse stammt aus Eigenproduktion und wird in weiten Teilen der Karibik verkauft. Die Hefe für die Gärung des Rums wird von den Demerara Distillers selbst gezüchtet. Bei Diamond, so der Name der eigentlichen Destillerie, gibt es heute 13 Brennanlagen in neun verschiedenen Ausführungen. Diamond produziert mit jeder davon eine oder mehrere Rumsorten, als Marks bezeichnet. Das Lager, mit rund 100.000 Fässern eines der größten weltweit, beinhaltet zahllose verschiedene Rums, einige davon sehr alt, die durch die „Marks" auf den Fässern gekennzeichnet sind. Die verschiedenen El-Dorado-Labels entsprechen den jeweiligen Verschnitten aus dem Rum dieser „Marks". Es ist diese Vielfalt, die dem El Dorado nicht nur einen besonderen Stil, sondern eine einzigartige Identität verleiht.

**Verkostung**

**Farbe:** *leuchtend mit Bernsteinreflexen*
**Nase:** *Tabak- und Karamellnoten gefolgt von zarten Andeutungen flambierter Banane*
**Gaumen:** *weich und leicht süßlicher Geschmack, der ein wenig an Holz erinnert*
**Abgang:** *glatt und lang anhaltend*
**Ideal:** *pur*

ANCESTRAL RUM
CHARANDA
SOL TARASCO®
HANDCRAFTED RUM
100% HIGH MOUNTAIN SUGAR CANE
GUARAPO ANCESTRAL RUM
GUARAPO - ANCESTRAL RUM
THIS RUM IS THE OLDEST SUGAR CANE DISTILLATE THAT HAS BEEN PRODUCED IN MICHOACAN MEXICO BY PUREPECHA CULTURE FOR MORE THAN 300 YEARS. THIS SPIRIT IS STILL BEING PRODUCED IN ARTISANAL CONDITIONS UNDER THE SUPERVISON OF A PUREPECHA MASTER DISTILLER
HAND-MADE
EXTRA AGED
CHARANDA
APPELLATION OF ORIGIN

# Sol Tarasco Extra Aged Charanda

**Herkunft:** *Mexiko*
**Produzent:** *Fabrica Casa Tarasco*
**Alkoholgehalt:** *43 %*
**Flaschengröße:** *70 cl*

**Typologie:** *Guarapo Ancestral Rum*
**Herstellung:** *Destillation in einer Single-Destilliersäule, ohne künstliche Zusätze, Fassreifung für 12, 24 und 36 Monate, nachfolgender Verschnitt*

Die Purepecha- oder Tarasca-Kultur ist eine präkolumbische Kultur Mexikos, die sich im Bundesstaat Michoacán entwickelte. Der Charanda, ein Rum aus handwerklicher Herstellung, ist das traditionelle Getränk Michoacáns. Er wird aus vergorenem Most von Zuckerrohrsaft in Destilliersäulen hergestellt. Der Charanda existiert mindestens seit 1857 und sein Name, der „rote Erde" bedeutet, ist eine Hommage an das Gebiet, auf dem die ersten Destillerien gebaut wurden. Das dafür verwendete Zuckerrohr wächst in 1300 Metern Höhe und weist einen höheren Zuckergehalt auf als Zuckerrohr, das in niedrigeren Lagen wächst. Ein weiterer wichtiger Qualitätsfaktor ist die Verwendung von bestem und reinstem Wasser während des gesamten Herstellungsprozesses. Dieser Rum ist mit der mexikanischen Ursprungsbezeichnung „Extra Aged Charanda" zertifiziert. Der Blendmeister wählt am Ende der Reifezeit Fässer aus, die 12, 24 und 36 Monate gereiften Rum enthalten, um einen originalen Charanda herzustellen. Dieser Rum, der aus Zuckerrohrsaftkonzentrat hergestellt wird, entwickelt während der Reife aus seinen Inhaltsstoffen einen besonderen Pilz der Gattung Cordyceps sinensis, dem Heilkräfte nachgesagt werden. Beim Trinken des Rums ruft er ein Gefühl des Wohlbefindens hervor und verleiht Energie und Vitalität.

**Verkostung**
**Farbe:** *heller Bernstein, kristallklar*
**Nase:** *Noten von Honig, Orangenschale, Vanille und Zimt*
**Gaumen:** *starker Anklang der Robustheit dieses Rums*
**Abgang:** *samtig, anhaltend, extrem angenehm*
**Ideal:** *pur*

Flor de Caña
SLOW-AGED
1890
RON
Flor de Caña
Tradición
IMPORTED RUM
GRAN
RESERVA
7
SLOW AGED

# Flor de Caña Gran Reserva 7 Years Old

**Herkunft:** *Nicaragua*
**Produzent:** *Flor de Caña*
**Alkoholgehalt:** *40 %*
**Flaschengröße:** *70 cl*

**Typologie:** *Ron*
**Herstellung:** *Destillation in sechs Säulen, 7-jährige Reifung in Bourbon-Fässern*

Jede einzelne der fünf Herstellungsphasen, vom Zuckerrohr über die daraus enthaltene Melasse bis hin zur Gärung, Reifung und Abfüllung, entspricht einem Fünf-Sterne-Status. Die aus Genua stammende Familie Pellas ließ sich Ende des 19. Jahrhunderts in Nicaragua nieder und baute das wichtigste Unternehmen des Landes auf, nicht nur den Rum betreffend. Der Betrieb wurde 1890 in Chichigalpa, 120 Kilometer von Managua entfernt, gegründet. Anfänglich war nur eine weitläufige Zuckerrohrplantage geplant, weil sich der Boden sehr gut dafür eignete. 1937 entstand eine unabhängige Firma mitten in der Plantage, die Compañia Licorera de Nicaragua, die aus der Zuckerraffinerie San Antonio, die Rohrzucker und Melasse mit einem Zuckergehalt von 64 % produziert, sowie der angrenzenden Destillerie Flor de Caña besteht. Sechs Destilliersäulen produzieren ein Destillat, das in kleinen, übereinander gestapelten Bourbon-Fässern zu 135 Litern in den *almacen* (Lagern) bei 28° C reift. Der Verlust durch Verdunstung beträgt 7 % pro Jahr. Flor de Caña besitzt 150.000 Fässer in den *Bodegas di Chichigalpa*, eines der größten Lager der Welt. Der Gran Reserva 7 Years Old ist Teil der Linie Slow Aged, zusammen mit Extra Seco 4 Years Old und Añejo Classico 5 Years Old.

**Verkostung**

**Farbe:** *Bernstein mit Mahagoni-Reflexen*
**Nase:** *eine Sinfonie aus angenehmen, natürlichen Elementen von Vanille bis gerösteter Kokosnuss bis hin zu roten Früchten wie Rosinen und Kirschen*
**Gaumen:** *trocken mit Noten von dunkler Schokolade, kandierter Orange und gerösteten Nüssen*
**Abgang:** *lang, reichhaltig und ausdrucksvoll*
**Ideal:** *pur*

Varela Hnos.
VARELA
Ron
ABUELO
AÑEJO 7 AÑOS
Varela Hnos.
DESDE 1908
PRODUCT OF PANAMA

# Ron Abuelo 7 Años

**Herkunft:** *Panama*
**Produzent:** *Varela Hermanos*
**Alkoholgehalt:** *38 %*
**Flaschengröße:** *70 cl*

**Typologie:** *Ron*
**Herstellung:** *Destillation in einer Destillierkolonne, 7-jährige Reifung in kleinen speziell ausgewählten Weißeichenfässern*

Die Varela Hermanos S.A. entstand dank Don José Varela Blanco, eines jungen spanischen Einwanderers, der sich 1908 in der neugeborenen Republik Panama niederließ und in Pesé l'Ingenio San Isidro die erste Zuckerraffinerie gründete. Das kleine Städtchen aus dem 18. Jahrhundert liegt in einem fruchtbaren Tal im Zentrum des Landes. Die meisten der rund 10.000 Einwohner sind im Zuckerrohranbau beschäftigt. Um den Wunsch seiner drei ältesten Söhne José Manuel, Plinio und Julio zu erfüllen, begann Don José 1936 mit der Destillation reinen Zuckerrohrsaftes zur Herstellung von Spirituosen. Seit Anbeginn stand der Betrieb für die außergewöhnliche Qualität seiner Produkte und war mit 1200 Hektar Anbaufläche, die rund 75.000 Tonnen Zuckerrohr hervorbringen, von Anfang an Marktführer für Spirituosen in Panama. Destilliert werden sowohl Zuckerrohrsaft als auch Melasse. Heute produziert Abuelo, in dritter Generation der Familie geführt, rund eine Million Kisten jährlich, was 90 % des nationalen Spirituosenkonsums entspricht. Ron Abuelo 7 Años wird aus fermentierter Zuckerrohrmelasse gewonnen und reift 7 Jahre in kleinen Weißeichenfässern, die speziell für dieses Produkt ausgesucht wurden.

**Verkostung**

**Farbe:** *strohgelb*

**Nase:** *leichtes Holzaroma mit Anklängen an Trockenfrüchte, darunter auch Nüsse, die sich zu einer Note von getrockneten Pflaumen entwickeln*

**Gaumen:** *Karamell- und Vanillearomen, denen die von Datteln und Nüssen folgen, mit abschließenden rauchigen Noten*

**Abgang:** *sehr ausgewogen und leicht mit Noten von Datteln und Nüssen, abschließende rauchige Noten mit Tabak- und Leder-Akzenten*

**Ideal:** *pur oder für den Cocktail Bocas del Toro*

RESERVA DEL FUNDADOR
años 20
RON
ESTILO DE GUATEMALA
Malteco
GENUINAMENTE ENVEJECIDO
años 20
RESERVA DEL FUNDADOR
41% vol.

# Malteco Reserva del Fundador 20 Años

**Herkunft:** *Guatemala*
**Produzent:** *Botegas de America*
**Alkoholgehalt:** *41 %*
**Flaschengröße:** *70 cl*

**Typologie:** *Ron Reserva*
**Herstellung:** *traditionelle Destillation in der Säule, Reifung in Bourbon-Eichenfässern (220 Liter) mindestens 20 Jahre*

Die Geschichte von Malteco beginnt mit dem Firmengründer Marco Savio, der während einer Reise von Guatemala in die Karibik beschloss, eine Marke zu kreieren, die eine Grafik des Vogel Quetzals als seinen persönlichen Glücksbringer auf dem Etikett tragen sollte. Der Vogel wurde wegen seiner langen bunten Federn in der präkolumbischen Zeit verehrt. La Reserva del Fundador wird wie die anderen aus der Linie aus hochwertigem Zuckerrohrsirup hergestellt, nach einer wertvollen alten guatemaltekischen Rezeptur, die von *Maestros Roneros* seit Generationen weitergegeben und den hohen Qualitätsansprüchen der Genossenschaft gerecht wird. Der Herstellungsprozess des Reserva beginnt mit der Verwendung hochwertiger Hefe für die Gärung und der sorgfältigen Destillation in der Säule, gefolgt von der Reifung, die in Eichenfässern für 20 lange Jahre in den Hügeln erfolgt. Den Abschluss bildet die Auswahl, die den Stil dieser limitierten Abfüllung ausmacht. Die Produktlinie umfasst auch einen 10 Jahre lang gereiften Añejo Suave, einen 15-jährigen Reserva Maya und einen 25-jährigen Reserva Rara, der auf dem Höhepunkt seiner Reife abgefüllt wird.

**Verkostung**

**Farbe:** *intensive Bernsteinfarbe mit Mahagonireflexen*
**Nase:** *Noten von Gewürzen und Tabak, Holz- und Röstnoten, dann auf nächster Ebene Akzente von weißem Pfeffer und Nüssen*
**Gaumen:** *süß, harmonisch, ausgewogen, rund und meditativ*
**Abgang:** *würzig, süß und sehr anhaltend*
**Ideal:** *pur mit einer Zigarre oder gerösteten Nüssen*

RUM
ZAFRA
ZAFRA
MASTER RESERVE
Ron
Tesoro
Panameño
RON
MASTER RESERVE
Añejo 21 Años
Envejecido en Selectas
Barricas de Bourbon
RON IMPORTADO
PRODUCTO DE PANAMÁ
40% ALC./VOL

# Zafra Master Reserve 21 Años

**Herkunft:** *Panama*
**Produzent:** *Zafra*
**Alkoholgehalt:** *40 %*
**Flaschengröße:** *70 cl*

**Typologie:** *Ron*
**Herstellung:** *kontinuierliche Destillation in einer Säule, 21-jährige Reifung in ausgewählten Bourbon-Fässern*

Der spanische Begriff zafra bedeutet Zuckerrohrernte. Das ist der Moment, in dem die Natur den Menschen für die Monate der Hingabe und der harten Arbeit belohnt. Nach der Ernte wird das Zuckerrohr nach diversen Passagen der Gärung und Destillation zu Rum, aus dem je nach Art der Produktion und der für die Lagerung gewählten Fässer ein gereifter Rum wird. Die Gründer der Marke Zafra haben mit einem Spitzenproduzenten in Panama zusammengearbeitet, um mit dem Zafra Master Reserve 21 Años ein Produkt zu schaffen, das alle Erwartungen übertrifft. Von Anfang an wählten sie nur von Hand geerntetes Zuckerrohr, das zu hochwertiger Grade-A-Melasse verarbeitet wurde. Für die Gärung wurde natürliche, vor Ort kultivierte Hefe benutzt. Nach der Destillation erfolgt die eigentliche Reifung, ausschließlich in ausgewählten Bourbon-Fässern, unter den wachsamen Augen des Brennmeisters, der während der einzelnen Passagen seiner Kreation sicherstellt, dass der produzierte Rum perfekt ausgewogen und strukturiert ist. Die Fässer werden genau inspiziert, um optimale Bedingungen für die langjährige Reifung des Destillats zu schaffen. Am Ende der Reifezeit wird geprüft, wie jedes Fass mit dem Rum interagiert hat, bevor die Kreation in kleinen, limitierten Chargen abgefüllt wird.

**Verkostung**

**Farbe:** *dunkles Bernstein mit kupferfarbenen Nuancen*
**Nase:** *eine dominante Eichennote, die perfekt zu den eleganten Aromen dunkler Früchte, Gewürz- und Mandelnoten passen*
**Gaumen:** *vollmundig und weich mit deutlichen, aber nicht dominanten Holznoten*
**Abgang:** *lang, voller cremiger Holzaromen*
**Ideal:** *pur, mit Schokolade mit 70 % Kakaogehalt oder für den Cocktail Wari Wari*

RON RESERVA ESPECIAL PERÚ
ron Millonario
SISTEMA SOLERA
15
RESERVA ESPECIAL

# Ron Millonario Reserva Especial 15 Años

**Herkunft:** *Peru*
**Produzent:** *Rossi & Rossi Treviso*
**Alkoholgehalt:** *40 %*
**Flaschengröße:** *70 cl*
**Typologie:** *Ron Reserva*

**Herstellung:** *Destillation in einer Säule mit drei Passagen, Reifung nach der Solera-Methode bis 15 Jahre in Eichenfässern, in denen Bourbon oder französische und spanische Weine gelagert waren*

Um das Jahr 1922 kaufte der peruanische Großgrundbesitzer die Zuckerraffinerie und riesige Zuckerrohrplantagen der Hacienda Agrícola de Chiclayo. Sein ältester Sohn Augusto, der in England sein Diplom als Chemieingenieur gemacht hatte, brachte eine spezielle Maschine zur Zuckerverarbeitung und eine Brennblase mit nach Peru. Er entwickelte eine Rezeptur, die an die nachfolgenden Generationen weitergegeben wurde und deren Ergebnisse heute noch in amerikanischen Bourbon-Fässern sowie in spanischen und französischen Weinfässern ruhen. Ron Millonario, in der Lambayeque-Region produziert, ist seit 2004 in Besitz von Rossi & Rossi, die die Marke und die Exklusivrechte am gesamten Lagerbestand erwarben. Das verwendete Zuckerrohr besteht aus zwei heimischen Sorten, und auch die verwendete Hefe ist vor Ort gezüchtet. Die Destillation erfolgt in drei Passagen: die erste, in einer historischen Brennblase, trennt den Alkohol vom Wasser, in der zweiten wird der Alkohol gereinigt und in der dritten werden Vorlauf und Nachlauf separiert. An diesem Punkt wird das Destillat in Eichenfässer gefüllt, wo es bis zu 15 Jahre nach der Solera-Methode reift, um dem Rum seinen Stil und seine samtige Weiche zu verleihen. In einem Städtchen im Norden von Peru wächst die Toquilla-Palme, aus deren Fasern die Umhüllung jeder Flasche von Hand geflochten wird.

**Verkostung**

**Farbe:** *Bernstein mit nussbraunen Nuancen*
**Nase:** *Aromen, die von reifen Früchten wie Pflaumen und Feigen in Noten von Kokos, Datteln und Karamell übergehen, dann Kakao und Gewürznelken*
**Gaumen:** *kompakt, dicht, aber perfekt ausgewogen. Angenehme Tiefe und Süße mit komplexen Noten von Feigen, Datteln, Sahnekaramell, Gewürznelken, vereint mit dem Aroma dunkler Schokolade*
**Abgang:** *sanft, sehr süffig und anhaltend*
**Ideal:** *pur, mit Schokolade oder für den Cocktail El Coronel*

DON
Q
AÑEJO
40 % Vol.
PUERTO

# Don Q Añejo

**Herkunft:** *Puerto Rico*
**Produzent:** *Destilería Serrallés*
**Alkoholgehalt:** *42 %*
**Flaschengröße:** *70 cl*
**Typologie:** *Blended Rum*

**Herstellung:** *Destillation in der Brennblase und in einer Destillierkolonne für leichten Rum sowie einer Einzelsäule für starken Rum, Reifung in Bourbon-Eichenfässern für 3 bis 8 Jahre, anschließender Verschnitt*

1861 von Don Juan Serrallés in einer kleinen Zuckerrohrplantage namens „Hacienda Mercedita" gegründet, ist Don Q immer noch ein Familienunternehmen, das seiner 150-jährigen Geschichte treu geblieben ist. Es werden beste Melasse und reinstes Wasser aus dem Fluss Inabòm verwendet. Destillation und Reifung finden in Puerto Rico statt, wie es die Produktspezifikation verlangt. Don Q verfügt über zwei Charakteristiken: umweltfreundliche Destillieranlagen und den Grundsatz, ausschließlich puerto-ricanischen Rum ohne Zucker, Aromastoffe, Glyzerin, Most oder Sirup jedweder Art zu produzieren. Dieser Rum war 1954 im Caribe Hilton von San Juan die Inspiration für den Piña Colada. Die Destillation in zwei unterschiedlichen Anlagen, die Reifung in amerikanischer Weißeiche und der vollständige Verzicht auf Zusätze machen den Don Q berühmt für seine Reinheit und Eleganz.

**Verkostung**

**Farbe:** *heller Bernstein*

**Nase:** *intensive Aromen, die von süßen Gewürzen wie Zimt bis scharfen wie Pfeffer reichen und in feine Noten von Haselnuss, Vanille, Kakao und abschließende Nuancen von Trockenobst und Melasse übergehen*

**Gaumen:** *weich, rund mit einem Nachgeschmack von Melasse und Vanille sowie Noten, die das Bouquet zusammen mit der Vanille milder machen und dem Alkohol die Schärfe nehmen*

**Abgang:** *trocken, aromatisch und anhaltend*

**Ideal:** *pur, mit einer Zigarre San Cristobal von La Habana El Principe (Minutos) oder für den Cocktail Cueva de L'Indio in Kombination mit Rum Don Q Cristal*

BRUGAL
EXTRA
VIEJO
RON

# Brugal Extra Viejo

**Herkunft:** *Dominikanische Republik*
**Produzent:** *Edrington Group und die Familie Brugal*
**Alkoholgehalt:** *38 %*
**Flaschengröße:** *70 cl*
**Typologie:** *Ron*

**Herstellung:** *zweifache Destillation in der Säule, 8-jährige Reifung in Bourbon-Fässern aus amerikanischer Weißeiche und Sherry-Fässern aus spanischer Roteiche*

Die Verbindung zwischen der Familie Brugal und der Dominikanischen Republik nahm vor fünf Generationen ihren Anfang, als Don Andres 1888 die Destillerie gründete. Damals wie heute produziert die Familie Ron, dessen gesamte Herstellung auf dominikanischem Boden stattfindet: vom verwendeten Rohmaterial bis zur Abfüllung. Die Zuckerraffinerien La Romana und San Pedro beliefern die Destillerie mit Melasse, und das für die Zuckerproduktion verwendete Zuckerrohr stammt ausschließlich aus den 8000 Hektar lokaler Anbaufläche. Die zweifache Destillation in der Destilliersäule bringt ein Destillat mit einem Alkoholgehalt von rund 95 % hervor, das nachfolgend verdünnt wird und mindestens ein Jahr im Fass reifen muss, bis es zum Ron werden kann. Hier kommen die *Maestros Roneros* Jassill und Gustavo ins Spiel, denn es liegt in ihrer Verantwortung, zu kontrollieren, dass die verwendeten Fässer – Bourbon-Fässer aus amerikanischer Weißeiche und Sherry-Fässer aus spanischer Roteiche – Ron von stets gleicher Qualität hervorbringen. Ein Teil des Energiebedarfs der Anlage wird mit Biokraftstoff gedeckt, der aus den Produktionsabfällen hergestellt wird, was den $CO_2$-Ausstoß in die Umwelt deutlich verringert.

**Verkostung**

**Farbe:** *dunkler Bernstein, leuchtend und klar*
**Nase:** *eine Sinfonie aus natürlichen Elementen, die von Holz bis zu Nüssen, Mandeln, Kakao, Vanille, Orangenschale, Karamell und Melasse reichen*
**Gaumen:** *eleganter Geschmack mit Noten von Vanille, Karamell und Honig, gefolgt von intensiven Gewürz- und Kakaonoten*
**Abgang:** *nach anfänglich warmen Noten anhaltend mit einer schwachen Pfeffernuance*
**Ideal:** *pur*

OLIVER
AÑOS
15
SOLERA
PRESIDENTE
RON
ARTESANAL
40°
GL
MÉTODO
SOLERA
AÑEJADO,
FORMULADO Y
EMBOTELLADO EN
REP. DOMINICANA
700
ml.
MARTI
OLIVER`S JOSÉ MARTI

# Presidente Martí 15 Años Solera

**Herkunft:** *Dominikanische Republik*
**Produzent:** *Oliver & Oliver*
**Alkoholgehalt:** *40 %*
**Flaschengröße:** *70 cl*
**Typologie:** *Ron Artesanal*

**Herstellung:** *mehrfache Destillation in der Destilliersäule, erste Reifung in neuen Fässern aus französischer Eiche, zweite Reifung in ehemaligen Pedro-Ximenes-Sherry-Fässern für 15 Jahre*

Der Ursprung dieses Rums liegt in den kubanischen Wurzeln der Familie Oliver, die heute in der Dominikanischen Republik lebt. José Julián Martí y Pérez war ein kubanischer Poet und politischer Führer der kubanischen Unabhängigkeitsbewegung des 19. Jahrhunderts. Auch heute noch wird er in Kuba als einer der größten Nationalhelden verehrt. Zu seinen berühmtesten Werken zählt ein Gedicht aus dem Band *Versos Sencillos* (einfache Verse), das den Text für eines der beliebtesten Lieder Kubas lieferte: „Guantanamera". Der romantische Bolero, einem *guajira guantanamera* (Bauernmädchen aus Guantanamo) gewidmet, ist aus der Zeit, in der der Unabhängigkeitskampf Ende des 19. Jahrhunderts in der damaligen spanischen Kolonie tobte. Nach der traditionellen Destillation reift der Rum aus Zuckerrohrsaft und konzentriertem Sirup in mehreren Passagen in unterschiedlichen Fässern nach der Solera-Methode. Zuerst in neuen Fässern aus französischer Eiche, deren Tannine für die würzige Komponente sorgen, dann in ehemaligen Pedro-Ximenes-Sherry-Fässern, in denen noch der Bodensatz enthalten ist, der sich mit der Zeit mit dem Rum vermischt und ihm die Farbe und das typische fruchtige Aroma verleiht. Die Kombination aus verschieden lang gereiften Destillaten und dieser Reifetechnik gibt dem Rum Weichheit und Tiefe.

**Verkostung**

**Farbe:** *helles Mahagoni mit bernsteinfarbenen Reflexen*
**Nase:** *intensives, anhaltendes Aroma aus Karamell- und Fruchtnoten*
**Gaumen:** *reich, vollmundig und harmonisch mit Holzaromen*
**Abgang:** *nach anfänglichen warmen Noten anhaltend mit einer schwachen Pfeffernuance*
**Ideal:** *pur oder zusammen mit einer echten kubanischen Zigarre*

ADMIRAL RODNEY
G.B.Rodney
RODNEY BAY, ON THE WEST OF ST. LUCIA, IS NAMED IN HONOUR OF THE VISIONARY ADMIRAL, SIR GEORGE BRYDGES RODNEY, WHO FAMOUSLY "BROKE THE LINE" AND VANQUISHED THE FRENCH FLEET AT THE BATTLE OF THE SAINTS, ON APRIL THE 12TH
1782
ADMIRAL RODNEY
EXTRA OLD St. LUCIA RUM
THE BATTLE OF THE SAINTS
40% Alc./Vol.
BLENDED & BOTTLED IN ST. LUCIA BY ST. LUCIA DISTILLERS LTD., CASTRIES, ST. LUCIA, W.I.
70 cl e

# Admiral Rodney St. Lucia Rum

**Herkunft:** *Saint Lucia*
**Produzent:** *St. Lucia Distillers*
**Alkoholgehalt:** *40 %*
**Flaschengröße:** *70 cl*

**Typologie:** *Rum Extra Old*
**Herstellung:** *kontinuierliche Destillation, 12-jährige Reifung in Bourbon-Fässern aus amerikanischer Eiche, dann Verblenden.*

Der Name Admiral Rodney wurde zum Gedenken an den britischen Admiral gewählt, der 1782 die französische Flotte in der Schlacht von Les Saints besiegte. Seit 1972 produziert die kleine Destillerie St. Lucia Distillers auf der wunderschönen Insel St. Lucia sehr wertvollen Rum nach der britischen Tradition der Rumherstellung. Gleichzeitig wird auch mit neuen Destillationstechniken experimentiert. Nach dem langen Gärprozess der Melasse in offenen Bottichen unter ausschließlicher Verwendung heimischer Hefe erfolgt die Destillation sowohl in modernen Säulen als auch in traditionellen Brennblasen. Das Destillat reift in Fässern aus amerikanischer Eiche, die zuvor Bourbon, Sherry oder Cognac enthielten. Die Anwendung verschiedener Destillationstechniken und die unterschiedlichen Fasstypen für die Reifung machen den Rum der Saint Lucia Distillers sehr aromatisch und besonders ausgewogen, Eigenschaften, für die er in der ganzen Welt berühmt ist. Der Admiral Rodney reift in separaten Chargen in amerikanischen Eichenfässern, die zuvor Jim Beam oder Jack Daniels enthielten, momentan für einen Zeitraum von rund 12 Jahren, die Destillerie strebt jedoch zukünftig eine mittlere Reifezeit von 15 Jahren an. Wenn der Brennmeister die Reifung für abgeschlossen erklärt, wird der Rum vor der Abfüllung mit länger gereiften Beständen der Destillerie verschnitten, jedes Mal mit dem Ziel, einen der weltbesten Rums zu kreieren.

**Verkostung**

**Farbe:** *leuchtender Bernstein mit Mahagonireflexen*
**Nase:** *komplex mit süßen, fruchtigen Noten von Honig, Trockenpflaumen, Rosinen und getoasteter Eiche*
**Gaumen:** *konzentriert, komplex mit Noten von Crème Caramel mit Akzenten von Vanille, Gewürzen und Schokolade*
**Abgang:** *gut ausgewogen und harmonisch, außergewöhnlich lang*
**Ideal:** *pur*

HOUSE OF ANGOSTURA
EST. 1824
ANGOSTURA
CARIBBEAN RUM
1919
PREMIUM GOLD RUM
DELUXE AGED BLEND
PRODUCT OF TRINIDAD & TOBAGO
40% Vol. /40% Alc./Vol.
70cl/700ml
EST. 1824

# Angostura 1919

**Herkunft:** *Trinidad & Tobago*
**Produzent:** *Angostura*
**Alkoholgehalt:** *40 %*
**Flaschengröße:** *70 cl*
**Typologie:** *Gold Rum*

**Herstellung:** *Destillation in der Destilliersäule, Reifung in Bourbon-Fässern für mindestens 8 Jahre, nachfolgender Verschnitt mit länger gereiftem Rum*

Die Geschichte des Hauses Angostura begann 1824, als der deutsche Arzt Johann Gottlieb Benjamin Siegert, Generalstabsarzt der Befreiungsarmee in Venezuela, ein Kräutertonikum namens „Amargos Aromaticos" kreierte. Dieses Produkt wurde daraufhin unter dem Namen Angosturabitters weltberühmt. Ohne Zweifel ist das Haus Angostura immer noch für seine Bitters berühmt, mittlerweile allerdings auch für seinen eigenen Rum, in authentisch karibischem Stil aus hochwertiger Melasse unter Verwendung eigener Hefekulturen hergestellt. Die Destillation erfolgt in einer Säule unter der fachmännischen Leitung des Brennmeisters John Georges, bevor das Destillat in Bourbon-Eichenfässern reift und im Anschluss verschnitten wird. So entsteht der Angostura 1919 aus unterschiedlichen Jahrgängen, alle im Klima von Trinidad & Tobago mindestens 8 Jahre gereift. Der Name bezieht sich auf die Rumfässer von 1919, die 1932 aus einem Brand in der Rumgenossenschaft gerettet wurden. Dieser Rumverschnitt wurde als 1919 bekannt, und Angostura entschied sich, diesen Namen wieder aufzunehmen.

**Verkostung**
**Farbe:** *klar und goldfarben*
**Nase:** *zu Beginn süße Vanillenoten, die sich zu Karamell, Honig und zu einer buttrigen Note entwickeln, gefolgt von reifen Früchten wie Aprikose und Banane, dann Rohrzucker und Melasse*
**Gaumen:** *im Mund von mittlerem Körper, ziemlich trocken, mit Noten von Orange gemischt mit leichtem Tabak, dann folgen Vanille, Butter, Zimt, mit Banane aromatisierte Schokolade. Nicht sehr komplex, dennoch elegant und angenehm*
**Abgang:** *nicht sehr anhaltend, eleganter Stil mit einem Nachgeschmack von Schokolade, süßen Gewürzen, Orange und Tabak*
**Ideal:** *pur oder für den Cocktail Huevos*

Diplomático
Reserva
Exclusiva
RON DE VENEZUELA
RON
DIPLOMÁTICO
RESERVA
EXCLUSIVA
DIPLOMÁTICO
RON ANTIGUO
RESERVA
EXCLUSIVA
RON-RUM-RHUM
alc.40% vol.70cle

**Herkunft:** *Venezuela*
**Produzent:** *Destilerías Unidas*
**Alkoholgehalt:** *40 %*
**Flaschengröße:** *70 cl*
**Typologie:** *Blended Rum*
**Herstellung:** *Destillation von 60 verschiedenen Rumsorten, in antiken Kupferbrennblasen für die starken Sorten, die 80 % ausmachen, in Destilliersäulen und Batch Kettle für die verbleibenden 20 % leichten und mittleren Sorten. Die Reifung erfolgt in kleinen Bourbon- und Malt-Whisky-Eichenfässern für maximal 12 Jahre, mit anschließendem Verschnitt*

Die Destillerie Unidas wurde 1959 auf dem weiten, fruchtbaren Land nahe der Stadt Barquisimeto am Fuße der Anden gegründet. Der Bundesstaat Lara, in dem der Betrieb angesiedelt ist, gilt als bestes Anbaugebiet für Zuckerrohr, und das Wasser für die Destillation stammt aus 50 bis 60 Meter tiefen Brunnen des nahe gelegenen Terepaima-Nationalparks. Ende der 1990er-Jahre kaufte eine Gruppe venezolanischer Unternehmer unter der Leitung von José Rafael Ballesteros, dessen Familie bereits ein großes Unternehmen auf diesem Sektor leitete, die Destillerie und die zugehörigen Zuckerrohr-Anbauflächen. Der Reserva Exclusiva, das Aushängeschild der Diplomático-Linie, verdankt seinen Namen Don Juancho Nieto Mendelez, der Ende des 19. Jahrhunderts eine eindrucksvolle Sammlung seiner Lieblingsdestillate begründete, bekannt als „Vorrat des Botschafters", um diese mit seinen Freunden zu genießen. Dieser Rum wird aus reinstem Zuckerrohrhonig (Saftkonzentrat) und einem geringerem Anteil Melasse hergestellt. Dieser geschmacklich elegante und komplexe Rum verdankt seine Bekanntheit den unterschiedlichen Destillationstechniken, der außergewöhnlichen Lagerung in Barrique-Fässern, dem vollem Körper und der exzellenten Ausgewogenheit des Verschnitts durch den Brennmeister Tito Cordero, der seit Jahrzehnten in der Destillerie arbeitet und mit seiner übertriebenen Fürsorge ein ausgezeichnetes Ergebnis garantiert.

**Verkostung**
**Farbe:** *Bernstein mit goldenen Reflexen*
**Nase:** *komplex mit Noten von Orangenschale und reifen Früchten, dann folgen Schokolade, Ahornsirup und Aromen von Zimt, Nüssen und Süßholz*
**Gaumen:** *Süß mit Noten von Toffee, reifen Bananen, Orange, dann Wal- und Haselnüsse. Der Nachgeschmack besteht aus dunkler Schokolade gemischt mit Muskatnuss und Rohrzucker*
**Abgang:** *verführerisch und sehr anhaltend*
**Ideal:** *pur, mit dunkler Schokolade, vorzugsweise mit 90 % oder 100 % Kakaogehalt, oder mit einer Zigarre*

Ron
ROBLE
Viejo
ROBLE
Viejo
Ron
EXTRA AÑEJO
Importado por:
Distribuidora del Caribe Cabega
Calle Azucenas Nro.12, Local
28039 Madrid, España.
info.cabega@gmail.com

# Roble Viejo Extra Añejo

**Herkunft:** *Venezuela*
**Produzent:** *Rones Añejos de Venezuela*
**Alkoholgehalt:** *40 %*
**Flaschengröße:** *70 cl*
**Typologie:** *Ron Viejo*

**Herstellung:** *Destillation in der Brennblase und fünf Säulen, Reifung in Bourbon-Fässern aus amerikanischer Eiche für 8 Jahre mit nachfolgendem Verschnitt mit 8 bis 12 Jahre altem Bestand*

Der Ron Roble wird von Chemotechniker Giorgio Melis kreiert und produziert. Nachdem er 26 Jahre für Destillation und Reifung des Ron Pampero verantwortlich war und auf eine Erfahrung in der Rum-Produktion von mehr als 50 Jahren zurückblickte, entschloss er sich 1967 zur Gründung von Rones Añejos de Venezuela, ein Unternehmen spezialisiert auf Reifung, Verschnitt und Verkauf von Destillaten aus Zuckerrohr. Seine Inspiration und sein Engagement brachten hochwertige Produkte hervor wie den Roble Viejo Extra Añejo und den Roble Viejo Ultra Añejo, der 12 Jahre auch in Pedro-Ximenes-Fässern reift und dessen Blending nur mit Rum desselben Jahrgangs erfolgt. Der Extra Añejo wird aus Melasse in einer Kolonne aus fünf Säulen hergestellt, die es ermöglicht, nur das Herz des Destillats zu extrahieren. Das Destillat reift mindestens 8 Jahre lang in Bourbon-Fässern, ohne Nachfüllung. Der Verschnitt erfolgt mit Rum aus dem Bestand, der zwischen 8 und 12 Jahren in Bourbon- und in Scotch-Fässern reifte.

**Verkostung**

**Farbe:** *Bernstein mit mahagonifarbenen Reflexen*
**Nase:** *Aromen von süßen Gewürzen wie Vanille und Zimt, dann folgt eine starke Karamellnote*
**Gaumen:** *kräftiger, charaktervoller Geschmack*
**Abgang:** *vanillig, feinwürzig, anhaltend*
**Ideal:** *pur, mit kohlensäurehaltigem Wasser in Begleitung einer Havanna-Zigarre und Schokolade*

# „Exotischer“ Rum

Ryoma Rhum Japonais Vieilli 7 Ans

Savanna Grand Arôme Lontan Blanc

Vanilla Dzama Vieux 10 Ans

The Arcane Extraroma 12 Years Old

Saint Aubin Premium White Rum

In diesem Abschnitt stellen wir einige Marken exotischer Herkunft – von Madagaskar über Mauritius und La Réunion bis Japan –, Gebiete, in denen das Zuckerrohr und seine Interpreten einen höchst interessanten Rum hervorbringen. Die Destillerie Kikusui Shuzo widmet ihren 7 Jahre in amerikanischen Eichenfässern gereiften Rum Ryoma aus Zuckerrohrsaft dem japanischen Samurai Sakamoto Ryōma, einer zentralen Figur der Meiji-Restauration aus der Stadt, in der sich auch die Destillerie befindet. Auf La Réunion produziert Savanna den Grand Arôme, einen weißen Rum mit langer Gärzeit, die Erinnerungen an die Kunst der Rumherstellung des 18. Jahrhunderts wachruft. In Madagaskar finden wir ein Destillat mit bemerkenswerter 10-jähriger Reifung, den Vanilla Dzama, der mit einer ganzen Vanilleschote aromatisiert wird. Aus Mauritius stammen zwei aus Zuckerrohrsaft hergestellte Rums: Arcane Extraroma, 12 Jahre nach der Solera-Methode in Fässern mit geringem Tanningehalt gereift, und Saint Aubin, ein Rhum Agricole in Premium-Qualität aus dem Herz der Destillation, von einem Produzenten im Süden der Insel mit tief verwurzelter ökologischer Überzeugung.

RYOMA
Rhum Japonais
Vieilli 7 ans / Fût de chêne
黒糖酒
さとうきびのお酒
70cl 40% vol

# Ryoma Rhum Japonais Vieilli 7 Ans

**Herkunft:** *Japan*
**Produzent:** *Kikusui Shuzo*
**Alkoholgehalt:** *40 %*
**Flaschengröße:** *70 cl*
**Typologie:** *Rhum*
**Herstellung:** *Destillation in klassischer Brennblase, in amerikanischen Eichenfässern gereift*

Kikusui Shuzo ist eine Destillerie in Kochi auf der Insel Shikoko im Süden des japanischen Archipels. Der Zuckerrohranbau ist im Land der aufgehenden Sonne weit verbreitet, und besonders Kochi ist seit Anfang des 20. Jahrhunderts für die gute Qualität seines Zuckerrohrs bekannt. Der Name des Rums ist von Sakamoto Ryōma inspiriert, einem japanischen Samurai aus dieser Stadt und eine zentrale Figur der Bewegung, die seinerzeit die Regierung des Shoguns Tokugawa stürzte und den Weg für die Meiji-Restauration ebnete. Die Destillerie Kikusui entschloss sich, aus dem Zuckerrohr aus eigenem Anbau einen hochwertigen Rum nach japanischer Destillierkunst mit den besten Produktionstechniken und entsprechenden Apparaturen, aber vor allem ausschließlich aus frischem Zuckerrohrsaft zu entwickeln. Die Wahl fiel auf die klassische Destillationstechnik in der Brennblase, das Herz des Destillats reift 7 Jahre in amerikanischen Eichenfässern. Die Qualität wird beim finalen Blendig geprüft.

**Verkostung**
**Farbe:** *strohgelb*
**Nase:** *anfangs Rosenduft, dann typische Rumaromen von Zuckerrohr, Vanille, Mango, Passionsfrucht, gefolgt von Honig, Haselnuss und weißem Trüffel*
**Gaumen:** *rund, süß und zart mit Noten von Schokolade, Aprikose mit würziger Ingwernote, sehr komplex*
**Abgang:** *lang, betörend, anhaltend*
**Ideal:** *pur*

Savanna
Grand
Arôme
Lontan
Blanc

**Herkunft:** *Île de la Réunion (Frankreich)*
**Produzent:** *Savanna*
**Alkoholgehalt:** *40 %*
**Flaschengröße:** *70 cl*
**Typologie:** *Rhum Traditionnel*

**Herstellung:** *Destillation aus Melasse in einer Zwei-Säulen-Anlage, Reifung in französischen Cognac- und Calvados-Fässern mit 400 Litern Fassungsvermögen*

Die Vulkaninsel La Réunion befindet sich im Osten von Madagaskar in der südlichen Hemisphäre des Indischen Ozeans. Die Insel, ebenso wie die französischen Antillen ein französisches Übersee-Département mit üppiger Natur, ist ein großer Zuckerrohrproduzent mit drei großen Fabriken. Savanna wählt das Zuckerrohr für die Herstellung selbst aus und ist die einzige Destillerie der Welt, die sowohl aus Zuckerrohrsaft als auch aus Melasse Rum herstellt. Zu den Melasse-Rums gehört neben dem normalen Traditionnel auch ein Grand Arôme. Die lange Gärzeit der Melasse von über einer Woche ermöglicht es, einen Rum zu erhalten, der überaus reich an Kongeneren – nicht-alkoholischen Aromastoffen – ist. Der Brennmeister Laurent Broc, *Deus ex Machina* von Savanna, ist einer der bedeutendsten Rumexperten, weil er alle Typologien kennt und sehr experimentierfreudig ist. Laurent hat auch die Reifung perfektioniert, er entwarf und baute ein System aus Leitungen und Ventilen, das alle Fässer, die jungen Rum enthalten, miteinander verbindet, um das Destillat in großen Fässern in den ersten 18 Monaten sehr häufig zu bewegen und zu belüften. Für den gereiften Rum hat Laurent ungefähr tausend Fässer, alle aus französischer Herkunft mit einer durchschnittlichen Kapazität von 400 Litern, und verwendet zudem Dutzende ehemalige Cognac-, Porto-, Madeira-, Sherry-, Muskatel- und Calvados-Fässer, um dem Rum das *Finish* (zuweilen auch ein sehr langes) zu geben. So entstehen immer neue außergewöhnlich interessante Sorten, die als Einzelabfüllungen in limitierter Auflage auf den Markt kommen.

**Verkostung**

**Farbe:** *transparent, leuchtend*
**Nase:** *facettenreich, mit Aromen von Orangenblüte, Datteln, getrockneten Feigen, Anklang von Kastanienhonig, Walnuss und Vanille*
**Gaumen:** *rund, langer Nachgeschmack mit wiederkehrenden Aromen aus dem Duftbouquet*
**Abgang:** *reich, ausdrucksvoll, mit Rückkehr der floralen Noten mit einem Touch Jod*
**Ideal:** *pur oder mit einer Zigarre*

Vanilla
Dzama
Vieux
10 Ans
Vanilla
DZAMA
PRODUCT OF MADAGASCAR
AGED 10 YEARS
VIEUX RHUM
DZAMA
2012
RumXP
Gold
award
INTERNATIONAL RUM EXPERT PANEL

**Herkunft:** *Madagaskar*
**Produzent:** *Vidzar*
**Alkoholgehalt:** *43 %*
**Flaschengröße:** *70 cl*

**Typologie:** *Vieux Rhum*
**Herstellung:** *Kontinuierliche Destillation in einer Einzelsäule ohne künstliche Zusätze, 10-jährige Reifung in Whiskyfässern*

Lucien Fohine, fasziniert von den Orten und Düften Madagaskars, beschloss 1980, einen Rum zu kreieren, der die Aromen der Insel Nosy Be, auch „Insel der Düfte" genannt, einfängt. Seine Herstellungsmethode war sowohl von der Cognac-Kultur beeinflusst – er wusste, dass es wichtig ist, in welcher Umgebung das Zuckerrohr wächst – als auch von der schottischen Schule des wood finish, der zweiten Reifung in besonderen Holzfässern. Lucien wählte zur Herstellung seines Rums die 1929 in Nosy Be gegründete Zuckerraffinerie und Destillerie Dzamadzar. Er benutzte Zuckerrohr aus den Ernten verschiedener Anbaugebiete der Insel, die von anderen Plantagen umringt waren, auf denen je nach Lage die hochgelobte Madagassische Vanille, Gewürznelken, Ylang Ylang oder Pfeffer angebaut wurden. Es ist kein Zufall, dass diese Pflanzen den Rum durch ihre Aromen positiv beeinflussen – man kennt dieses Prinzip vom Wein, der schon beim Einschenken das zarte Bouquet der Früchte, die neben dem Weinberg wachsen, freisetzt. Auch die Mineralien der vulkanischen Erde der Insel spielen eine wichtige Rolle für den Rum dieser Produktlinie. Aktuell ist Dzama die wichtigste Marke der Firma Vidzar in Antananarivo, die in Madagaskar zu einem florierenden Unternehmen geworden ist. Vidzar wird seit 1996 von Franck Fohine geführt, dem Sohn Luciens, der wie sein Vater die wahre Essenz der Kultur dieses einzigartigen Territoriums vermittelt. Der Rum wird aus Melasse hergestellt, um ein robusteres Produkt zu erhalten, das bereit für die Reifung in Eichenfässern ist, die zuvor schottischen Whisky enthielten. Vor der Abfüllung wird das Destillat mit diversen Filtern fünf Mal filtriert, um alle Unreinheiten zu eliminieren. Zum Schluss kommt noch eine Vanilleschote in die Flasche.

**Verkostung**
**Farbe:** *Bernstein mit Mahagonireflexen*
**Nase:** *anfangs kräftige Vanillenoten, dann folgen Noten von Karamell, Banane, Schokolade*
**Gaumen:** *zu Beginn weich und relativ rund, dann folgt ein Eindruck von Robustheit und Röstnoten begleitet von Vanille und roten Pflaumen*
**Abgang:** *anhaltend mit Vanillenoten*
**Ideal:** *pur*

12
YEARS OLD
The ARCANE
art of pure fresh cane
MAURITIUS ISLAND
EXTRAROMA
A SMOOTH AND AROMATIC PURE CANE RUM
GRAND AMBER RUM

# The Arcane Extraroma 12 Years Old

**Herkunft:** *Mauritius*
**Produzent:** *Odevie Distillery*
**Alkoholgehalt:** *41 %*
**Flaschengröße:** *70 cl*
**Typologie:** *Amber Rum*

**Herstellung:** *12-jährige Reifung nach der Solera-Methode in Eichenfässern mit niedrigem Tanningehalt, um die Noten von frischem Zuckerrohr nicht zu überdecken*

Die Insel Mauritius im Südwesten des Indischen Ozeans ist seit mehr als 200 Jahren für den Zuckerrohranbau und die Produktion von Rum und Zucker bekannt. Die Kombination aus dem feuchtwarmen Klima mit seinen häufigen Niederschlägen und der mineralhaltigen, besonders fruchtbaren Vulkanerde des Archipels bildet ideale Voraussetzungen. Arcane Extraroma ist das Ergebnis des Zusammenspiels von heimischem Zuckerrohr, reinem Zuckerrohrsaft und der Kunst des Brennmeisters Thibault de la Fournière – ein Amber Rum aus dem Verschnitt von jungem und altem Rum, nach der Solera-Methode 12 Jahre in schwach getoasteten Fässern aus amerikanischer Eiche gereift, um die frische Zuckerrohrnote nicht zu überdecken, eine Kombination aus den frischen Aromen des Zuckerrohrs und den sehr weichen und gleichzeitig komplexen Noten eines gereiften Rums. Sein unglaublicher Aromareichtum, der auf die Qualität des mauritischen Zuckerrohrs zurückzuführen ist, macht diesen Rum einzigartig. Die quadratische Flasche aus dunklem Glas (transparent für den weißen Cane Crush Rum) wurde gewählt, um den kostbaren Nektar, den sie enthält, zu schützen. Das Design der Etiketten, ein Farbenspiel aus dem Schwarz der Flasche, Goldtönen und mintgrünen Akzenten, betont die alchemistische, geheimnisvolle Aura dieses Rums, der die Vision von Thibault de la Fournière verkörpert.

**Verkostung**
**Farbe:** *dunkler Bernstein*
**Nase:** *opulent, Noten von exotischen Früchten, Gebäck, gefolgt von frischen Zuckerrohraromen und den würzigen Akzenten der Solera-Reifung*
**Gaumen:** *weich, überwältigende Flut von Aromen exotischer Früchte, darunter Banane und Kokos, mit Nuancen von Schokolade, Vanille und Trockenobst*
**Abgang:** *würzig, lang und anhaltend*
**Ideal:** *pur*

SAINT AUBIN
EST
1819
MAURITIUS
RUM
RHUM•RON
WHITE
PREMIUM
DISTILLED AND
BOTTLED ON THE ESTATE
OF SAINT AUBIN

# Saint Aubin Premium White Rum

**Herkunft:** *Mauritius*
**Produzent:** *Saint Aubin*
**Alkoholgehalt:** *50 %*
**Flaschengröße:** *70 cl*

**Typologie:** *White Rum*
**Herstellung:** *aus reinem Zuckerrohrsaft und Destillation in einer traditionellen Kupfer-Destilliersäule*

Auf den Feldern von Saint Aubin entlang der sanften Hügel des Südens von Mauritius wird seit 1819 Zuckerrohr angebaut. Später kam auf dem Besitz auch der Vanille-Anbau hinzu und es wurde eine Destillerie zur Rum-Herstellung erbaut. Auf dem Anwesen Saint Aubin, das seinen Namen einem seiner früheren Besitzer zu verdanken hat, wird mauritischer Rum hergestellt, der direkt aus dem frischen Zuckerrohrsaft destilliert wird. Das Zuckerrohr wird von Hand geerntet, dann zur Mühle gebracht, wo es sorgfältig ausgepresst wird, um den ersten Saft, der auf Mauritius *Fangourin* genannt wird, zu erhalten. Aus der Destillation wird nur das Herz verwendet, das mit dem mineralienarmen Wasser aus den Plantagen von Bois Chéri verdünnt wird. Das Mikroklima, das durch die optimale Niederschlagsmenge und die reichhaltige Vulkanerde überaus günstig für den Zuckerrohranbau ist, erlaubt es, vereint mit der umweltfreundlichen Philosophie des Unternehmens, authentischen Rum herzustellen.

**Verkostung**

**Farbe:** *transparent und kristallklar*
**Nase:** *florales Bouquet mit Noten von Vanille, Honig, frischem Zuckerrohrsaft und einer abschließenden Nuance von Olivenpastete*
**Gaumen:** *durch seinen 50-prozentigen Alkoholgehalt hat er einen warmen Körper und einen vollmundigen Geschmack*
**Abgang:** *reichhaltig und anhaltend*
**Ideal:** *pur mit Eis oder für den Cocktail Ilha Do Cerne*

# Cocktails

Anse
la Cuve

Cubanacan

Baron
Samedi

#Cueva
de l'Indio

Bocas
del Toro

El
Coronel

Caldera

Huevos

*Ichirouganaim*

*Papillon*

*Ilha do Cerne*

*Port Royal*

*Leopold Heritage*

*Wari Wari*

*Nahuatl*

## *Bartending Team:*

Fabio Bacchi - *Bar Manager*
Carlo Simbula - *Head Bartender*
Vincenzo Losappio - *Bartender*
Alessandro Impagnatiello - *Bartender*

# Anse la Cuve

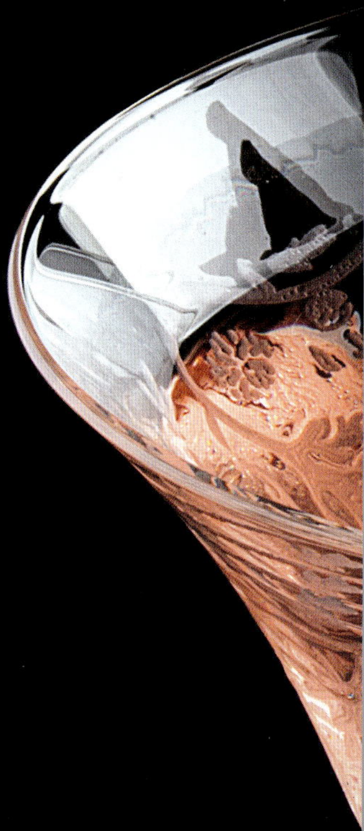

## Zutaten

*3 cl Père Labat 59*
*1 cl Mezcal Ilegal Joven*
*0,5 cl Habanero-Zitronenverbene-Cordial*
*2 cl Cocchi Rosa*

*Methode: Stir and strain • Glas: Coupette*
*Garnitur: Zitronenzesten*

## Zubereitung

Die Zutaten in ein Mixglas geben, vorsichtig verrühren, Eiswürfel hinzugeben und nochmals umrühren. In eine Coupette abseihen. Ein Stück Zitronenschale über dem Glas ausdrücken, um den Drink mit den ätherischen Ölen zu aromatisieren.

# Baron Samedì

## Zutaten

*4 cl Clairin Casimir 3.1*
*1/4 Limette im Stück*
*1 Spritzer Absinthe Duplais*
*1 Spritzer Bob's Grapefruit Bitter*
*0,75 cl Orgeatsirup*

*Methode: Build • Glas: Old Fashioned (Tumbler)*
*Garnitur: Limette*

## Zubereitung

Direkt im Glas zubereiten. Die Limette ausdrücken und ins Glas geben. Die weiteren Zutaten dazugeben und umrühren. Mit Eis auffüllen und nochmals umrühren. Mit einer Limettenspalte garnieren.

# Bocas del Toro

## Zutaten

*3 cl Ron Abuelo 7 Años • 0,5 cl Brandy Lepanto • 1,5 cl Tio Pepe Sherry Fino • 2 Barlöffel geräucherten Dattelsirup*
*Top: Champagner*

*Methode: Shake*
*Glas: Champagnerflöte*
*Garnitur: Datteln*

## Zubereitung

Alle Zutaten ohne den Champagner in einen Shaker geben, umrühren, Eis dazugeben und schütteln. In eine gekühlte Flöte abseihen und mit Champagner auffüllen. Mit Dattelspieß garnieren.

# Caldera

## Zutaten

*5 cl Gosling's Black Seal • 1 cl Timut Pfeffer-Sirup •*
*1 cl Yuzu-Saft • 1 cl Ananas-Rhabarber-Shrub •*
*0,5 cl Glenrothes Whisky Sherry Cask Reserve*
*Top: Bergamotte-Soda*

*Methode: Shake*
*Glas: Goblet*
*Garnitur: getrocknete Ananas*

## Zubereitung

Alle Zutaten in einen Shaker geben, umrühren, dann mit Eis schütteln. In ein mit Eis gefülltes Goblet-Glas abseihen. Mit einer dünnen Scheibe getrockneter Ananas garnieren.

# Cubanacan

## Zutaten

*3,5 cl Santiago de Cuba Carta Blanca*
*1 cl Fifty Pounds Gin (Rinaldi)*
*1,5 cl Saft aus Limette und gelber Grapefruit*
*1,5 cl Kardamom-Zimt-Honigsirup*

*Methode: Shake • Glas: Canchanchara-Becher*
*Garnitur: Limette*

## Zubereitung

Alle Zutaten in den Shaker geben, umrühren, dann mit Eis schütteln. In einen typischen mit Eis gefüllten Terrakottabecher oder alternativ in einen Tumbler absei-hen und mit einer Limettenscheibe garnieren.

# #Cueva de l' Indio

## Zutaten

*3 cl Don Q Cristal Rum*
*1,5 cl Don Q Añejo Rum*
*3 cl Citrus Mix*
*1,5 cl Falernum*
*1,5 cl Luxardo Triplum Orange*
*1 Spritzer Elemakule Bitters*

*Methode: Shake*
*Glas: Collins*
*Garnitur: Zimt und Minze*

## Zubereitung

Alle Zutaten in den Shaker geben, umrühren, dann mit Eis schütteln. In ein mit Eiswürfeln gefülltes Collins-Glas abseihen und mit einer Zimtstange und einem kleinen Zweig frischer Minze garnieren.

El
Coronel

## Zutaten

*4 cl Ron Millonario 15 Años*
*1 cl Pisco, mit Kaffir-Limettenblättern verfeinert*
*2 Spritzer Amargo Chungo*
*2 cl roter Macchia Vermouth*

*Methode: Stir and strain*
*Glas: Champagnerschale*
*Garnitur: Sternanis*

## Zubereitung

Die Zutaten in ein Mixglas geben, vorsichtig verrühren, Eiswürfel dazugeben und nochmals umrühren. In eine Champagnerschale abseihen und einen Eiswürfel ins Glas geben. Mit Sternanis garnieren.

# Huevos

## Zutaten

*2,5 cl gelber Grapefruitsaft*
*2 cl Parang-Masala-Sirup*
*5,0 cl Angostura 1919*

*Methode: Shake*
*Glas: Champagnerschale*
*Garnitur: Himbeeren und Minze*

## Zubereitung

Alle Zutaten in den Shaker geben, umrühren, dann mit Eis schütteln. In eine Champagnerschale abseihen, mit Himbeeren und einem Zweig Minze garnieren.

# Ichirouganaim

## Zutaten

*2,5 cl Limettensaft • 1 cl Mount Gay Black Barrel •
4 cl Mount Gay Silver • 1,5 cl Dan Shen Salbeisirup •
0,5 cl Botanist Gin*

*Methode: Shake*
*Glas: Old Fashioned*
*Garnitur: Salbeiblatt und rote Johannisbeeren*

## Zubereitung

Alle Zutaten in den Shaker geben, umrühren, dann mit Eis schütteln. In ein mit Eiswürfeln gefülltes Old-Fashioned-Glas abseihen, mit einem Salbeiblatt und einer Traube roter Johannisbeeren garnieren

# Ilha do Cerne

## Zutaten

*3 cl Saint Aubin White Rum • 2,5 cl Limettensaft •*
*2 cl Zuckersirup • 1,5 cl Arangiu Likör*
*Top: IPA Bier*

*Methode: Shake*
*Glas: Kelch*
*Garnitur: Brombeeren*

## Zubereitung

Die Zutaten ohne das Bier in den Shaker geben, umrühren, dann mit Eis schütteln. In einen mit Eis gefüllten Kelch abseihen und mit dem Bier auffüllen. Mit einem Brombeerspieß garnieren

# Leopold Heritage

## Zutaten

*2 cl Reimonenq Cuvée Spéciale Blanc Centenaire 50°*
*1,5 cl Cordiale aus weißem Hibiscus und Limette*
*2,5 cl Calvados Dupont Hors d'Age*
*1 cl Ruby Port*

*Methode: Stir and strain • Glas: Coupette*
*Garnitur: Rosmarin*

## Zubereitung

Alle Zutaten in ein Mixglas geben, vorsichtig verrühren, Eiswürfel dazugeben und nochmals umrühren. In eine Coupette abseihen und mit einem Rosmarinzweig garnieren.

## *Zutaten*

*5 cl Botran Reserva Blanca*
*0,75 cl Maissirup und Picamas*
*1,5 cl Vermouth mit Balsamico-Essig Tomaso Agnini*

*Methode: Shake*
*Glas: Coupette*
*Garnitur: Kakaokruste*

## *Zubereitung*

Alle Zutaten in den Shaker geben, umrühren, dann mit Eis schütteln. In eine Coupette abseihen, die zuvor mit einer Kakaokruste versehen und gekühlt wurde.

# Nahuatl

# Papillon

## Zutaten

*2,5 cl Trois Rivières Cuvée de l'Océan*
*1,5 cl Püree aus Pfirsich und Passionsfrucht*
*Prosecco zum Auffüllen*

*Methode: Shake • Glas: Flöte*
*Garnitur: essbare Blüte*

## Zubereitung

Die Zutaten ohne den Prosecco in den Shaker geben, umrühren, dann mit Eis schütteln. In eine Flöte abseihen, mit Prosecco auffüllen und mit einer essbaren Blüte garnieren.

# Port Royal

## Zutaten

*1,5 cl Worthy Park Rum-Bar White Overproof*
*3 cl Madras*
*3 cl Brugal Blanco*
*1 cl Stout-Bier-Sirup*
*1 cl Varnelli Moka Kaffeelikör*
*2 Spritzer Bob's Ginger Bitter*

*Methode: Shake • Glas: Tumbler*
*Garnitur: frischer Thymian und Zimtstange*

## Zubereitung

Alle Zutaten in den Shaker geben, umrühren, dann mit Eis schütteln. In einen mit Eiswürfel gefüllten Tumbler abseihen, mit einem Thymianzweig und einer Zimtstange garnieren.

# Wari Wari

## Zutaten

*5 cl Zafra 21 Años*
*1 Würfel Muscovado-Zucker*
*1 Spritzer Spanish Bitter*
*Zitronenschale*

*Methode: Build mit Eiswürfeln • Glas: Old Fashioned (Tumbler)*
*Garnitur: Kruste aus Zimtzucker*
*getrocknete Orangenscheibe*

## Zubereitung

Den Tumbler mit einer Kruste aus Zimtzucker versehen. Dann den Zuckerwürfel mit Spanish Bitter tränken und direkt im Tumbler mit ein paar Tropfen Wasser auflösen. Die restlichen Zutaten ins Glas geben und umrühren, dann den Eiswürfel in den Drink geben. Ein Stück Zitronenschale über dem Glas ausdrücken, um den Drink mit den ätherischen Ölen zu aromatisieren.

# Die Autoren

**Giovanna Moldenhauer** arbeitet seit über zwanzig Jahren als Journalistin. Als Sommelière studiert sie die Spirituosen mit Interesse und Leidenschaft, und ganz besonders den Rum. Durch die Teilnahme an Festivals, Events und Previews vertieft sie ihr Wissen. Artikel über ihre Präsentationen verschiedener Spirituosen, begleitet von außergewöhnlichen Kreationen verschiedener Sterneköche, wurden in diversen Fachzeitschriften veröffentlicht.

**Fabio Petroni** hat nach seinem Studium der Fotografie mit den Besten der Branche zusammengearbeitet. Sein beruflicher Werdegang brachte ihn zur Darstellung von Stillleben, ein Gebiet, in dem er seinen intuitiven und präzisen Stil unter Beweis stellte. Er arbeitet mit namhaften Werbeagenturen zusammen und wirkte maßgeblich an zahlreichen Kampagnen für weltbekannte Unternehmen mit, darunter auch große italienische Marken.

**Fabio Bacchi**, eine Persönlichkeit des italienischen Bartendings, blickt auf eine über dreißigjährige Berufserfahrung zurück, die er ausschließlich in Unternehmen internationaler Luxushotellerien gesammelt hat.

# Danksagung


Wir danken Giorgio Cotti, Fiorenzo Detti, Linda Nozza und Pietro Pellegrini für die Unterstützung durch ihr Fachwissen und bei der Auswahl der Marken, Italesse für die Gläser der Wormwood-Kollektion (designed von Giancarlo Mancino und Luca Trezzi) Astoria, Alto-Ball, Galante und Fizz, die für die Fotografien der Cocktails verwendet wurden.

Unser Dank geht an das Bartending-Team von The Spirit Milano – eine der besten Bars der italienischen Cocktailszene –, bestehend aus Carlo Simbula, Vincenzo Losappio, Alessandro Impagnatiello und dem Barmanager Fabio Bacchi, für die Entwicklung und Ausarbeitung der Rezepte in diesem Buch.

Wir danken den Firmen:

Bolis für Zafra, Compagnia dei Caraibi, D&C SPA, Distilleria Bonaventura Maschio für Botran, Fratelli Branca Distillerie für Mount Gay, Ghilardi Selezioni, Meregalli Vino è Arte für St. Lucia, Onesti Group, Pallini SPA, Pellegrini SPA, Primalux Spirits, Rinaldi Importatori SPA, Rossi & Rossi für Ron Millonario, Savio Trading für Malteco, Velier,

und ihren Repräsentanten:
Andrea Bolis und Massimo Melis, Margherita Vaschetto, Edelberto Baracco, Daniele Bonnin und Fabio Torretta, Marco Sarfatti, Francesco Zara, Pietro Ghilardi und Marianna Sicheri Mazzoleni, Enrico Magnani, Pasquale Damiano, Pietro Pellegrini, Giorgio Paris, Fabrizio Tacchi und Gabriele Rondani, Walter Rossi, Marco Savio, Daniele Biondi, die uns die Realisierung dieses Werkes erleichtert haben.

# Nützliche Websites

Abuelo Ron 7 Años: www.ronabuelopanama.com

Admiral Rodney St. Lucia Rum: www.saintluciarums.com

Angostura 1919: www.angostura.com

The Arcane Extraroma 12 Years Old: www.arcanerum.com

Barbancourt Réserve Spéciale 8 Ans: www.barbancourt.net

Bielle Vieux 2009: www.rhumbielle.com

Botran Reserva Blanca: www.botranrums.com

Brugal Extra Viejo: www.brugal-rum.com

Centenario Gran Legado 12 Años: www.roncentenario.eu

Cihuatán Solera 12 Reserva Especial: www.cihuatanrum.com

Clairin Casimir 3.1: www.thespiritofhaiti.com - www.velier.it

Damoiseau Blanc 40: www.damoiseaurhum.com

Diplomático Reserva Exclusiva: www.rondiplomatico.com

Domaine de Séverin XO: www.severinrhum.com

Don Q Añejo: www.donq.com

Doorly's X O: Facebook Foursquare Rum Distillery

El Dorado 8 Years Old: www.theeldoradorum.com

Flor de Caña Gran Reserva 7 Years Old: www.flordecana.com

Gosling's Black Seal 80 Proof: www.goslingsrum.com

Hampden Fire Velvet Overproof: www.hampdenrumcompany.com

La Hechicera Fine Aged Rum: www.lahechicera.co

Malteco Reserva del Fundador 20 Años: www.saviotrading.it

Mount Gay Black Barrel: www.mountgayrum.com

Neisson Blanc: www.neisson.fr

Père Labat 59: Facebook Distillerie du Père Labat

Plantation 20th Anniversary: www.plantationrum.com

Presidente Marti 15 Años Solera: www.oliveryoliver.com

Reimonenq Cuvée Spéciale Blanc Centenaire: www.musee-du-rhum.fr

Rhum Rhum Blanc PMG: www.velier.it - www.capovilladistillati.it

Roble Viejo Extra Añejo: www.ronroble.com

Ron Millonario Reserva Especial 15 Años: www.ronmillonario.com

Ryoma Rhum Japonais Vieilli 7 Ans: www.primaluxspirits.it

Saint Aubin Premium White Rum: www.rhumsaintaubin.com

Saint James Vieux: www.saintjames-rum.com

Santiago de Cuba Carta Blanca: www.rumsantiago.it

Savanna Grand Arôme Lontan Blanc: www.distilleriesavanna.com

Sol Tarasco Extra Aged: www.charandauruapan.com.mx

Trois Rivières Cuvée de l'Océan: www.plantationtroisrivieres.com

Vanilla Dzama Vieux 10 Ans: www.dzama.mg

Worthy Park Rum-Bar White Overproof: www.worthyparkestate.com

Zafra Master Reserve 21 Años: www.zafrarum.com

# Bildnachweis

Alle Fotografien stammen von Fabio Petroni, außer:

S. 5: Buyenlarge/Getty Images – S. 9: DeAgostini/Getty Images – S. 10: DeAgostini/Getty Images – S. 13: Bildagentur-online/UIG/Getty Images – S. 19: Falkenstein/Bildagentur-online Historical Collect./Alamy/IPA – S. 20: Charles Trainor Jr./Miami Herald/MCT/Getty Images

Redaktionelle Leitung
LAURA ACCOMAZZO

Grafische Gestaltung
MARIA CUCCHI

WHITE STAR VERLAG

WS White Star Verlag® ist eine eingetragene Marke von White Star s.r.l.


Piazzale Luigi Cadorna, 6 - 20123 Mailand, Italien
www.whitestar.it

Übersetzung: Simone Blass - Textredaktion: Rainer Schöttle



ISBN 978-88-6312-377-7
2 3 4 5 6 23 22 21 20 19

Gedruckt in Croatia